Brot backen

Gertrude Kreipel

mit und ohne Brotbackautomat

Mit vielen
Rezepten für den Brotbackautomaten und Backofen

tosa

Vorwort

Sehr geehrte Leserinnen und Leser!

Denken Sie an den wunderbaren Geruch, der Sie beim Betreten einer Bäckerei umfängt. Holen Sie sich den Geruch doch nach Hause und eröffnen Sie Ihre eigene Backstube.

In meinem neuen Buch möchte ich Ihnen verschiedene Rezepte zur Zubereitung von Brot und Gebäck vorstellen, die rasch und leicht durchzuführen sind. Alle Rezepte können sowohl im Backrohr als auch in Ihrem Brotbackautomaten gebacken werden.

Alle Tipps, aber auch einige Kuriositäten, die mir dazu eingefallen sind, gebe ich an Sie weiter, damit Sie erkennen können, wie wertvoll und unterschiedlich die verschiedenen Brotarten, die es teilweise schon über 6000 Jahre gibt, sind.

Ich wünsche Ihnen viel Spaß bei der Zubereitung Ihres eigenen Hausbrotes und bleibe mit lieben Grüßen

Ihre
Gertrude Kreipel

---

1. Kapitel:
Vom Teig, der gehen muss, um nicht sitzen zu bleiben

Bei den Skoten und Pikten im alten Schottland erfreute sich Hafer großer Beliebtheit. Noch zur Zeit der schottischen Königin Maria Stuart standen Haferbrot und Hafergrütze zum täglichen Mahl bereit. Ein englischer Adelsmann, der einmal zu Gast bei der Königin war, machte sich darüber lustig und meinte: „Hafer ist sicher sehr gut für die Männer in Schottland, in England ist es aber nur Futter für die Pferde." - „Deshalb", erwiderte die Königin mit boshaftem Lächeln, „ist England ja auch nur für die Qualität seiner Pferde berühmt!"

Haferbrötchen

Zutaten:
½ TL Zucker
¼ l lauwarme Milch
1 Würfel frische Hefe mit 42 g
100 g zarte Haferflocken
400 g Weizenvollkornmehl
2 TL Salz
1 Msp. Ascorbinsäure
80 g weiche Butter

Den Zucker in der Milch verrühren und die Hefe darin auflösen. 10 Minuten gehen lassen. Die in kleine Stücke geschnittene Butter und die übrigen Zutaten mit der Hefemilch in einer Schüssel mischen. Zu einem seidigen, geschmeidigen Teig verarbeiten und ca. 5 Minuten abkneten. Den zu einer Kugel geformten Teig wieder in die Schüssel geben, mit einer Folie umschließen oder ganz einfach in eine Plastiktüte stecken und im auf 35° Celsius warmen Backrohr 45 Minuten aufgehen lassen. Dann nochmals durchkneten und in Portionen zu 60 g teilen. Den Schluss nach unten ziehen und auf ein mit Backpapier belegtes Blech geben. Die so vorbereiteten Brötchen mit einem feuchten Geschirrtuch abdecken. Die Folie nochmals locker darüber geben und nochmals bei 35° Celsius ca. ½ Stunde gehen lassen. Nach dieser Zeit herausnehmen und das Backrohr auf 220° Celsius aufheizen. Auf mittlerer Schiene 20 Minuten backen.

Sie können den Teig auch als Brot im Backofen oder im Brotbackautomaten zubereiten! Jedes Stück hat 160 Kalorien! Geben Sie bitte beim Backen im Backrohr eine Pfanne mit heißem Wasser auf den Boden des Backofens, damit Ihr Gebäck nicht verbrennt und knusprig wird!

Aus der Schweiz kommt folgendes Brotrezept:

Rüblibrot

Bereiten Sie einen Hefeteig (Germteig) und arbeiten Sie 2 EL Sonnenblumenkerne, 2 EL Sesamsamen und 4 Möhren (Karotten) fein geraspelt dazu. Schüssel abdecken und eine halbe Stunde gehen lassen, bis sich das Volumen verdoppelt hat. Nochmals durchkneten, in eine Kastenform geben und nochmals abgedeckt 15 Minuten gehen lassen. Dann bei 200° Celsius etwa 1 Stunde backen.

Nun einige Grundregeln zum Brotbacken mit Sauerteig:

Zu 500 g Weizenmehl nehmen Sie bitte 1 Würfel Hefe mit 42 g oder 1 Beutel Trockenhefe. Für je 500 g Roggenmehl benötigen Sie 1 Beutel Sauerteigextrakt oder Flüssigsauerteig. Für 500 g Mehl, egal welcher Art, benötigen Sie 2 TL Salz. Vergessen Sie nicht, immer etwas Sauerteig vom letzten Backvorgang aufzubewahren.

Dinkel-Jogurt-Brot

Für 1 Brot benötigen Sie:
100 ml lauwarmes Wasser
1 Würfel Hefe zu 42 g
1 Prise Zucker
400 g Dinkelvollkornmehl
1 Msp. Ascorbinsäure
1½ TL Salz
200 g Naturjogurt zimmer-
warm
1 TL Koriander gemahlen
Dinkelvollkornmehl für das
Blech

Hefe, Zucker und Wasser glatt verrühren und 10 Minuten gehen lassen (bis die Oberfläche schäumt). In der Zwischenzeit in einer Rührschüssel das Mehl, die Zitronensäure, das Salz und den Koriander mischen. Jogurt und Hefewasser (Dampfl) beigeben und alles ca. 5 Minuten zu einem seidig glänzenden geschmeidigen Teig verkneten. Den so gefertigten Teig zu einer Kugel formen und zurück in die Teigschüssel geben. Mit einer Plastikfolie abdecken oder in eine Plastiktüte geben und im auf 35° Celsius vorgewärmten Backrohr ca. 30 Minuten aufgehen lassen. Nach dieser Zeit den Teig nochmals kurz durchkneten und zu einer straffen Kugel formen. Mit dem Schluss nach oben auf ein bemehltes Backblech geben, sodass die bemehlte Seite oben ist. An der Oberseite mit einem Messer Rillen ziehen, die ca. 1 cm tief sind. Mit einem trockenen Küchentuch abdecken und nochmals im Rohr 30 Minuten gehen lassen. Das Backrohr auf etwa 220° Celsius vorheizen und das geformte Brot einschieben. Dabei sollten Sie aber nie auf die Bratpfanne mit heißem Wasser vergessen, um Ihr Brot weich, saftig und mit einer krossen Rinde zu erhalten.

*Rechtes Bild: **Dinkel-Jogurt-Brot***

Der in diesem Buch oft verwendete Ausdruck „Schluss an jeder Teig-kugel" entsteht beim „Dehnen" der Teigoberfläche, denn die auf die Unterseite gezogenen Teigränder werden Schluss genannt! 1390 Kilo-kalorien, je Brot!

Bierbrot

Sie benötigen:
500 g Roggenvollkornmehl
500 g Roggenmehl
Type 1150
2 Pckg. Trockenhefe zu 20 g
2-3 gestrichene EL Salz
2 Pckg. Sauerteigextrakt zu
30 g oder Trockenprodukt
aus dem Reformhaus
700 ml dunkles Bier
50 g Zuckerrübensirup aus
der Apotheke oder aus dem
Reformhaus
Mehl zum Kneten und für
die Form

Die Hefe, das Sauerteigextrakt, das Salz und die zwei Mehlsorten in einer Rührschüssel mischen. Bier und Rüben-sirup beigeben und mit dem Knethaken der Küchenmaschine so lange verkneten, bis sich der Teig vom Schüsselboden und Rand löst. In eine Schüssel geben und im auf 35° Celsius vorgewärmten Backrohr 2 Stunden gehen lassen. Dabei den Teig mit Wasser einstreichen und in eine Plastiktüte geben. In der Zwischenzeit einen Brotkorb oder eine entsprechende Form bemehlen. Auf einem bemehlten Brett den Teig noch-mals kräftig durchkneten, zu einer Kugel formen und den Schluss sorgfältig nach unten ziehen und gut einarbeiten. Den vorgefertigten Laib mit dem Schluss nach oben in die Form geben und nochmals unter der Plastikfolie bei 35° Celsius 30 Minuten nachziehen lassen. Den so gefertigten Brotlaib auf ein mit Backpapier ausgelegtes Blech legen und bei 200° Celsius für 45 Minuten backen.

Nicht auf die Pfanne mit heißem Wasser vergessen! Dieses Brot bleibt lange frisch und saftig! Es eignet sich sehr gut zum Einfrieren! Das ganze Brot hat 3410 Kilokalorien!

Dinkel und Amarant wurden schon von den Kelten verwendet. Die Zunft der Bäcker war
sehr angesehen. Der damalige Name „hlaif" wurde bei uns zu „Laib".
Der Brotlaib und mancher englische Adelige würde sich sehr entsetzen,
wenn er wüsste, woher sein Titel stammt.
Aus dem keltischen „hlafeard", dem „Brotgeber", wurde der „Lord" und aus „hlafdigge",
der „Brotkneterin", wurde die englische „Lady".

Thymianbrot

Nehmen Sie bitte:
275 ml lauwarmes Wasser
½ TL Zucker
1 Würfel frische Hefe
(Germ)
200 g Dinkelvollkornmehl
300 g Weizenmehl
Type 405
2 TL getrockneten Thymian
3 TL Salz
etwas Mehl zum Kneten
1 TL Speisestärke
100 ml kaltes Wasser

Wasser, Zucker und die zerbröckelte Hefe (Germ) auflösen und 10 Minuten gehen lassen. In einer Teigschüssel die beiden Mehlsorten, Thymian und Salz mischen. Das Hefewasser (Dampfl) dazugeben und sorgfältig kneten, bis sich der Teig vom Schüsselrand löst. Den Teig zu einer Kugel formen, mit Wasser bestreichen, locker mit Plastikfolie bedecken oder in eine Plastiktüte schieben und im auf 35° Celsius vorgewärmten Backrohr ½ Stunde gehen lassen. Nun den Teig auf einer bemehlten Arbeitsfläche nochmals kräftig durcharbeiten und zu einer Fläche von 40 x 15 cm ausrollen. Den Teig straff aufrollen und das Ende gut fest drücken. Auf einem Blech ein feuchtes Tuch und darüber ein Backpapier legen. Den Laib mit dem Schluss nach unten darauf legen. Die Oberseite mit Wasser bestreichen und mit einem scharfen Messer der Länge nach ca. 2 cm tief einschneiden. Nochmals für 20 Minuten im warmen Ofen gehen lassen. In das auf 200° Celsius vorgeheizte Rohr schieben, nachdem Sie das feuchte Tuch entfernt haben. Reichlich heißes Wasser in die aufgewärmte Saftschüssel gießen und das Brot ½ Stunde backen. In der Zwischenzeit die Stärke mit dem Wasser in einer kleinen Pfanne glatt rühren, einmal aufkochen und vom Herd nehmen. Das fast fertige Brot kurz aus dem Backrohr nehmen und ganz mit der Stärkelösung bestreichen. Nun noch einmal für 10 Minuten fertig backen.

Die Stärkelösung macht Ihr Gebäck glänzend und knusprig und hat 1660 Kalorien! Dieses Brot lässt sich gut einfrieren und im Brotbackofen fertigen!

Roggenschrotbrot

Sie benötigen:
60 g Sauerteig vom
Bäckermeister
½ l lauwarmes Wasser
750 g Roggenschrotmehl
250 g Weizenmehl
¼ l lauwarmes Wasser
2 TL Salz

Am Abend vor dem Backtag den Sauerteig und das Wasser in einer Schüssel verrühren. Angewärmtes Mehl in eine ebenfalls vorgewärmte Schüssel geben. In die Mitte eine Mulde drücken, Sauerteig einfüllen. Die halbe Mehlmenge unterrühren, sodass ein dickflüssiger Teig entsteht. Mit einem warmen Küchentuch abdecken und über Nacht warm stellen Am nächsten Tag das restliche Mehl und alle anderen Zutaten zu einem festen Teig verkneten, der sich vom

*Mehl zum Formen und
Bestäuben
Margarine zum Einfetten*

Schüsselrand löst. Teig mit bemehlten Händen zu einer Kugel formen. Die Schüssel nochmals vorwärmen und den mit Mehl bestäubten Teig einfüllen. Abdecken und etwa 3 Stunden gehen lassen. Ein Backblech mit Alufolie belegen und einfetten. Den Brotlaib mit einem Messer einritzen und den nochmals bemehlten Brotlaib darauf legen. Noch eine gute Stunde gehen lassen. In dieser Zeit 2 x mit lauwarmem Wasser bestreichen, damit die Oberfläche nicht rissig wird. Backrohr auf 200° Celsius (Gasherd Stufe 3) vorheizen und auf der mittleren Schiene backen. Die Backzeit beträgt ca. 90 Minuten. Das fertige Brot aus dem Ofen nehmen, mit kaltem Wasser bestreichen, zum Trocknen für einige Minuten zurück in den ausgeschalteten, noch warmen Ofen geben.

Grahambrot 1

*Zutaten:
400 g Mehl
400 g Weizenschrotmehl
40 g Hefe (Germ)
1/2 l lauwarme Milch
1 TL Salz
1/8 l Öl
Mehl zum Bestäuben des
Backblechs*

Mehl und Weizenschrotmehl mischen und in die Mitte eine Vertiefung drücken. Die Hefe hineinbröckeln und mit der Hälfte der Milch zu einem Vorteig verrühren. Mit Mehl bestreuen, zudecken und 15 Minuten gehen lassen. Die restliche Milch, das Salz und das Öl zum Vorteig geben und alles mit dem restlichen Mehl zu einem glatten Teig kneten. Den Teig kräftig schlagen, bis er Blasen wirft und sich vom Schüsselrand löst. Nochmals 15 Minuten zugedeckt gehen lassen und formen. Ein Backblech mit Mehl bestreuen und den Laib zugedeckt nochmals 20 Minuten gehen lassen Das Backrohr auf 200° Celsius vorheizen, das Brot mit Mehl bestäuben und auf der unteren Schiene 50 Minuten backen.

Zwiebelbrot 1

*Man nehme:
1000 g Roggenmehl
100 g Sauerteig aus der
Bäckerei
Wasser nach Bedarf
(etwa 1 Liter)
20 g Trockenhefe
2½ EL Salz
½ TL Pfeffer gemahlen*

Bitte bereiten Sie einen Teig wie oben angegeben und schlagen Sie so lange, bis er Blasen wirft. Die Zwiebeln schälen und fein schneiden. Die Hälfte der Zwiebeln in Butter anbraten und zusammen mit den rohen Zwiebeln unter den Teig kneten. Aus dem Teig 3 Laibe von je 35 cm Länge formen und auf das bemehlte Blech legen, abdecken und nochmals 15 Minuten gehen lassen und das Backrohr auf 250° Celsius vorheizen. Die Brote mit Wasser bestreichen und mit einem scharfen Messer einige Male schräg einschneiden. Auf der

Rechtes Bild: Zwiebelbrot

1 Msp. Kardamom
4 Zwiebeln
2 EL Butter oder Margarine
etwas Mehl für das
Backblech

unteren Leiste 30 Minuten backen, dabei nicht auf die Wasserpfanne vergessen.

Sie können Sauerteig, den Sie nicht sofort verwenden, auch im Kühlschrank 1-2 Tage zugedeckt aufbewahren!

Pikantes Hausbrot

Nehmen Sie bitte:
1000 g Roggenmehl
100 g Sauerteig vom
Bäcker
ca. 1 l Wasser
200 g Frühstücksspeck
1 EL Salz
200 g geriebenen
Emmentaler
100 g geschälte gehackte
Mandeln
2 EL gehackte Petersilie
Mehl fürs Backblech

Die Hälfte des Mehls in eine Schüssel sieben, das Backblech mit Mehl einstauben. Den Sauerteig mit dem Wasser und der zerbröckelten Hefe verrühren und mit dem Mehl mischen. Das Mehl leicht einkneten und zugedeckt über Nacht an einem nicht zugigen Ort rasten lassen. Den Backofen auf 200° Celsius vorheizen und in der Zwischenzeit den Speck klein würfeln. Den Speck, Salz, Käse, Mandeln und dem restlichen Mehl mit dem Sauerteig verkneten und 2 runde Laibe formen. Die Laibe auf das Backblech legen, die Oberfläche mit Wasser bestreichen, mit Mehl bestäuben und rautenförmig einschneiden. Die Brote auf der unteren Leiste 70 Minuten backen.

Bitte stellen Sie beim Backen eine Pfanne mit kochendem Wasser ins Backrohr!

Griechisches Fladenbrot

Man nehme:
400 g Mehl
20 g Hefe (Germ)
1½ Tassen lauwarmes
Wasser
2 TL Salz
2 TL Zucker
1 EL Olivenöl

Zu diesem Fladenbrot, in Griechenland Pitta genannt, sollten Sie das Mehl bitte in eine Schüssel sieben und in die Mitte eine Vertiefung drücken. Mit der halben Wassermenge, der Hefe, dem Zucker und etwas Mehl einen Vorteig zubereiten. Mit wenig Mehl bestreuen. Die Schüssel mit einem Küchentuch abdecken und den Vorteig bei Zimmertemperatur 20 Minuten gehen lassen. Diesen Vorteig dann mit dem übrigen Wasser mit dem Mehl und Salz ver-

mengen. Auf einer Arbeitsfläche den Teig so lange mit den Händen kneten, bis er locker ist und glänzt. Nach etwa 10 Minuten das Öl dazugeben und so lange weiterkneten, bis es ganz mit dem Teig verarbeitet ist. Ist dies geschehen, den Teig in 8 gleich große Kugeln teilen. Kreuzweise einritzen, erneut abdecken und noch einmal 30 Minuten gehen lassen. Nach dieser Zeit jede Teigkugel nochmals gut durchkneten und auf einer bemehlten Arbeitsplatte zu ½ cm dicken Fladen ausrollen. Backrohr auf 180° Celsius vorheizen. Auf ein gut geöltes Backblech geben und auf der mittleren Schiene jede Seite 4 Minuten backen. Die fertigen Fladen sollen weich und weiß sein.

Nach dem Abkühlen die Fladen in Folie wickeln, damit sie nicht hart und trocken werden! Auch zum Einfrieren geeignet!

Einen Sauerteigansatz können Sie auch selbst bereiten, hier das Rezept dazu:

Sauerteigansatz

Zutaten:
20 g Hefe (Germ)
½ l handwarmes Wasser
300 g Mehl

Die Hefe in eine vorbereitete Schüssel bröckeln, Wasser zugießen, die Hefe mit dem Schneebesen darin auflösen und das Mehl zufügen. Alles gut verrühren und den Sauerteigansatz 3 Tage bei Zimmertemperatur stehen lassen. Vom fertigen Sauerteig eine kleine Hand voll in einer kleinen Schüssel im Kühlschrank aufbewahren und dem nächsten Brotteig zusetzen. Das beschleunigt das Aufgehen des Teiges. Vom nächsten Brotteig wieder ein wenig aufheben und so weiter.

Als ich noch als Gastwirtin tätig war, habe ich immer selbst einige Brotsorten hergestellt. Natürlich nicht in so kleinen Mengen, wie Sie für Ihre Familie benötigen, aber ich habe die Erfahrung gemacht, dass sich dieses Brot sehr gut einfrieren lässt. Darum gebe ich Ihnen gleich eine größere Menge bekannt. Sie können dann die Zutaten halbieren, um für Sie das richtige Quantum zu erhalten.

Schweizer Brot

Zutaten:
1000 g Weizenmehl
0,8 l warme Milch
½ Würfel Hefe (Germ)
35 g Salz
1 Ei
50 ml kalte Milch

Einen Vorteig zubereiten und den gekneteten Teig bis zum doppelten Volumen aufgehen lassen. So lange mit dem Knethaken der Küchenmaschine kneten, bis sich der Teig vom Schüsselrand löst. Dann 3-4 Brotlaibe formen (je nach gewünschter Größe). Das Ei mit der kalten Milch verquirlen und die Brotlaibe vor dem Backen damit bestreichen. 2 x schräg einschneiden und bei 200° Celsius etwa 1 Stunde backen. Dabei eine Pfanne mit kochendem Wasser ins Backrohr stellen, um ein Austrocknen des Brotes zu verhindern.

Schweizer Schmalzbrot

Zweigen Sie von dem im vorgehenden Rezept vorbereiteten Teig etwas ab und kneten Sie Schweineschmalz, saure Sahne (Sauerrahm), Kümmel, Paprikapulver und bei Bedarf noch etwas Salz zu dem fertigen Teig. Dünne Stangen daraus formen und regelmäßig quer einschneiden. Mit Schmalz bepinseln und je nach Stärke des Brotes 20-35 Minuten backen.

Wer schon einmal in Frankreich seinen Urlaub verbracht hat, wird mir Recht geben, wenn ich sage, ein französisches Baguette ist nicht mit dem hier im Handel erhältlichen zu vergleichen; darum hier das Originalrezept meiner Kusine aus Frankreich.

Original Baguettes

Zutaten:
500 g Weizenmehl
100 ml warmes Wasser
½ Pckg. Trockenhefe
(Trockengerm)
2 TL Salz

Mit dem Knethaken der Küchenmaschine Mehl mit Wasser 4-5 Minuten verkneten. Der Teig muss sich vom Schüsselboden lösen. Die Trockenhefe darüber streuen und weitere 3 Minuten kneten. Zum Schluss das Salz beifügen und nochmals 2 Minuten kneten. Die Teigkugel mit etwas Wasser bestreichen und bei Zimmertemperatur 1½ Stunden gehen lassen Den Teig in 2 große Stücke teilen und auf ein mit Backpapier belegtes Blech legen. Damit die beiden Brote sich nicht verkleben, das Backpapier in der Mitte zu einer

Falte hochziehen, sodass zwischen den beiden Broten Backpapier liegt und dadurch das Zusammenkleben verhindert. Nochmals 25 Minuten gehen lassen und dann im auf 250° Celsius vorgeheizten Rohr auf mittlerer Schiene 5 Minuten backen, dann auf 200° Celsius reduzieren. Schneiden Sie das Brot vor dem Backen alle 10 cm ca. 1 cm tief ein und vergessen Sie nicht, die Bratpfanne mit heißem Wasser in den Ofen zu stellen. Nochmals 20 Minuten fertig backen.

Auch dieses Brot können Sie mit Kräutern, Knoblauch oder Zwiebeln verfeinert ganz nach Ihrem Geschmack backen! Meine Kusine nimmt auch Schinken oder Käse als Beigabe zum Originalrezept!

Kräuterbrot 1

Bitte bereiten Sie vor:
1 EL brauner Zucker
500 ml lauwarmes Wasser
1½ Würfel Hefe (Germ)
200 g Weizenmehl
200 g Weizenschrot
200 g Roggenmehl
3-4 TL Salz
etwas Mehl für die
Arbeitsfläche
2 TL Sesamsamen
2 TL getrockneter Thymian
2 TL getrockneter Rosmarin
1 EL Sesamöl

Zucker und zerbröckelte Hefe in 250 ml Wasser verrühren und 10 Minuten gehen lassen. In einer Rührschüssel (Weitling) die beiden Mehlsorten mit dem Weizenschrot und dem Salz vermengen. Das Hefewasser (Dampfl) und das restliche Wasser zugeben und alles mit dem Knethaken der Küchenmaschine mindestens 5 Minuten verkneten. Teig zu einer Kugel formen, zurück in die Rührschüssel geben und mit Wasser bestreichen. In eine Plastiktüte geben und im auf 30° Celsius vorgeheizten Rohr 30 Minuten gehen lassen. Nach dieser Zeit den Teig auf eine bemehlte Arbeitsfläche geben und kurz durchkneten. Die Kräuter und das Sesamöl einarbeiten. Den Teig zu einer Kugel mit Schluss formen und dann zu einem Wecken formen. Die Oberfläche mit einem Schwamm befeuchten, in Sesam wenden und auf ein mit Backpapier belegtes Blech legen. Nochmals mit einem feuchten Tuch bedeckt im warmen Backrohr ca. 30 Minuten gehen lassen. So wie bei den anderen beschriebenen Broten nun mit einer Tasse heißem Wasser in das auf 250° Celsius vorgeheizte Rohr geben, die Temperatur auf 200° reduzieren und ca. 40 Minuten backen.

Diese Menge reicht für 2 kleinere oder ein großes Brot!

Speckroggenbrot

Dazu benötigen Sie:
300 g Roggenvollkornschrot
Type 1800
300 g Roggenmehl Type 1370
300 g Weizenmehl Type 405
300 g Sauerteigansatz
1-2 TL Salz
3/8 l warmes Wasser
300 g in 5 mm große
Würfel geschnittener
Frühstücksspeck

Beide Mehlsorten mit Salz in einer Rührschüssel mischen. Sauerteigansatz und warmes Wasser zufügen. Alles sehr gut miteinander verkneten und abgedeckt ca. 24 Stunden ruhen lassen. Den aufgegangenen Teig nochmals kräftig durchkneten, den Speck zugeben und zu einem Laib mit schönem Schluss formen. Mit einem scharfen Messer die Oberseite des Brotes kreuzweise einkerben, auf einem bemehlten Blech nochmals 3-4 Stunden aufgehen lassen und dann backen.

Klopfen Sie auf die Unterseite des Brotes, wenn diese hohl klingt, ist das Brot gar! Vergessen Sie nicht eine Pfanne mit heißem Wasser auf den Ofenboden zu stellen! Auf manchen steirischen Almen wurde dieses Brot ohne Belag zu einem Glas Milch gegessen!

Sojabrot

Nehmen Sie bitte:
300 g Roggenvollkornmehl
250 g Weizenvollkornmehl
250 g Weizenmehl
200 g Sojaschrot
1 Prise (die Menge, die zwi-
schen Daumen und
Zeigefinger passt)
Ascorbinsäure
1 Beutel Sauerteigextrakt
(erhältlich in Drogerien
oder Reformhäusern)
2 Pckg. Trockenhefe
(Trockengerm) zu 20 g
3 TL Salz
1 TL Fenchel gemahlen

Die Mehlsorten, das Sojaschrot, die Ascorbinsäure, die Trockenhefe, das Salz und den Fenchel in einer Rührschüssel (Weitling) mischen; Wasser dazugeben und mit dem Knethaken kräftig verkneten. Zu einer Kugel geformt in einer Schüssel mit Wasser bestreichen und im Backrohr bei 35° Celsius 2 Stunden abgedeckt gehen lassen. Den Teig dann mit etwas Mehl auf einer Arbeitsfläche noch einmal kurz durcharbeiten und zu einem langen Laib (Wecken) formen. Die Oberfläche mit Wasser bepinseln und in das auf der Arbeitsfläche vorbereitete Sojaschrot drücken, sodass die gesamte Oberfläche bedeckt ist. Mit einem feuchten Küchenhandtuch abdecken und so lange nochmals gehen lassen, bis das Backrohr auf 250° Celsius aufgeheizt ist. Kochend heißes Wasser in einer Pfanne auf den Boden des Backrohrs stellen und den Brotlaib sofort auf der mittleren Schiene 15 Minuten backen. Nach dieser Zeit die Tem-

650 ml lauwarmes Wasser
etwas Mehl zum Kneten
3 EL Sojaschrot für die
Oberfläche

peratur auf 200° Celsius reduzieren und das Brot noch etwa 40 Minuten fertig backen.

Lassen Sie den fertigen Brotwecken auf dem Kuchengitter auskühlen! Dieses Brot eignet sich sehr gut zum Einfrieren!

Trotz der vielen Rezepte mit Sauerteigbrot sollten wir aber das Toastbrot nicht vergessen. Das Brot, welches man heute unter der Bezeichnung Toastbrot zu kaufen bekommt, hat mit der Köstlichkeit von früher nichts mehr zu tun. Wenn Sie mir nicht glauben, versuchen Sie einmal einige der nachfolgenden Rezepte und Sie werden mir Recht geben. Die hier angegebenen Toastbrotrezepturen eignen sich hervorragend für die Zubereitung im Brotbackautomaten! Hier das Grundrezept für Toastbrotteig!

Grundrezept Toastbrot

Zutaten:
500 g Mehl Type 405
20 g Hefe
1 Prise Zucker
3/8 l lauwarmes Wasser
1/2 TL Salz

5 EL Mehl, zerbröselte Hefe (Germ) und bis zu 3/8 l Wasser in einer Schüssel rühren. An einem warmen Ort 30 Minuten gehen lassen. Das restliche Mehl mit Salz mischen und über die Gärprobe (Dampfl) sieben. Alles zu einem festen Teig verkneten. Eine Kugel formen und in einer Schüssel abgedeckt nochmals 1/2 Stunde rasten lassen. Nun den Teig durchwalken, zu einem länglichen Laib formen und in eine ausgebutterte Kastenform legen. In der Form zugedeckt eine Stunde gehen lassen. Danach mit einem spitzen Messer die Oberfläche der Länge nach einritzen, damit das Brot schön aufspringen kann. Backrohr auf 200° Celsius aufheizen und ca. 40-50 Minuten backen.

Da nicht jedes Mehl die gleiche Qualität hat, kann es möglich sein, dass der Teig zu fest oder zu weich ist! Geben Sie in diesem Fall etwas Mehl oder Wasser nach Bedarf zu! Möchten Sie ein krumiges, weiches Brot haben? Dann arbeiten Sie 50 g Butter in den Teig ein und nehmen Sie Milch anstelle von Wasser! Bepinseln Sie die Oberfläche des Brotes vor dem Backen mit Wasser und stellen Sie eine Schale heißes Wasser auf den Boden des Backrohrs, um ein Austrocknen zu verhindern! Für gesalzenes Brot, z. B. Paprikabrot, Tomatenbrot und ähnliche Brotsorten, geben Sie etwas mehr Salz zur Teigmischung! Dieses Rezept ist für den Brotbackautomaten gut geeignet!

Tomatenbrot

Den Teig wie angegeben bereiten und das Wasser mit 2-3 EL Tomatenketchup oder Tomatenmark einfärben. Bereiten Sie dieses Brot auf jeden Fall mit Butter zu, damit es flaumig wird. Es ist sehr gut zum Einfrieren geeignet. Bitte die Schale mit Wasser nicht vergessen, damit Ihr Brot nicht austrocknet.

Rosinenbrot (Korinthenbrot)

Bereiten Sie einen Grundteig zu, in den Sie 120 g Rosinen und 1 KL Zucker einarbeiten. Der Teig muss zugedeckt eine Stunde im auf 50° Celsius vorgeheizten Backrohr aufgehen. Backrohr bitte einen Spaltbreit offen lassen. Nach dieser Zeit gut kneten, bis sich der Teig vom Schüsselrand löst. In eine gefettete Kastenform geben und nochmals abdecken und 1 Stunde gehen lassen. Mit Wasser bepinseln und im auf 200° Celsius vorgeheizten Rohr ca. 1 Stunde backen. Auf einen Kuchenrost stürzen und erst abgekühlt anschneiden.

Zwiebelbrot 2

Je nach Geschmack rösten Sie 150-200 g klein geschnittene Zwiebeln in Butter goldgelb. Die Zwiebeln mit der Röstbutter in die Grundmischung einarbeiten. Wie schon beschrieben, abgedeckt 2 x aufgehen lassen. Die Wasserschüssel am Boden beim Backen nicht vergessen. Verwenden Sie einmal die doppelte Teigmenge und frieren Sie einen Teil des Brotes ein.

Kräuterbrot 2

Bereiten Sie sich bitte eine eigene Kräutermischung oder verwenden Sie klein gehackte Petersilie, Schnittlauch, Dill, Basilikum, Thymian, um Ihr Brot geschmackvoll zu gestalten. Ihrer Fantasie und Ihrem Geschmack sind hier keine Grenzen gesetzt. Diese Mischung arbeiten Sie in Ihren Teig ein. Wenn Sie ein Stück Butter dazu geben, haben Sie den unvergleichlichen Geschmack von einem Kräuterbaguette. Erst nach dem Erkalten anschneiden.

Das nächste Rezept ist von mir und hat mir schon 2 Preise gebracht.
Ich hoffe, es schmeckt Ihnen genauso gut wie meinen Gästen.

Waldviertler Mohnbrot

Sie können dieses Brot auf 2 verschiedene Arten zubereiten:
Als süßes Rezept, indem Sie dem Grundteig 50 g Butter,
180 g gemahlenen Mohn (Graumohn) und 20 g Zucker
zusätzlich beimengen. Fertig gebacken nur mehr mit Butter
bestreichen. Oder nur das normale Grundrezept mit etwas
mehr Salz und 180 g Mohn abarbeiten. Nehmen Sie einmal
statt Graumohn Weißmohn, der durch seinen nussigen
Geschmack auch ohne Butter sehr gut schmeckt und für
Diäten gut geeignet ist.

Paprikabrot

Dazu benötigen Sie je ½ rote, grüne und gelbe Paprika-
schote. Die Schoten in kleine Würfel schneiden und unter
den Grundteig mischen. Der Teig kann eventuell etwas mehr
gesalzen werden, um den Paprikageschmack besser hervor-
zuheben. Wenn Sie den Teig in die vorbereitete Form geben,
die Oberseite mit Wasser bepinseln, um eine feine Kruste zu
erhalten.

Backpflaumenbrot

Bereiten Sie einen Grundteig mit etwas mehr Zucker wie
beim Rosinenbrot und fügen Sie 4 gehäufte Esslöffel entsteinte, klein gehackte Backpflaumen hinzu. Dieses Brot hat
in Tirol auch den Namen Osterbrot und wird auch als Zopf
geflochten gebacken. Durch die eingefügten Backpflaumen
braucht es etwas länger zum Aufgehen und Backen. Bitte
mittels Nadelprobe feststellen, ob das Brot fertig ist
(Backzeit ca. 60 Minuten).

Aber auch Diätbrote lassen sich hervorragend selbst zubereiten, darum gleich wieder ein Grundrezept, das Sie dann nach Ihrem Geschmack mit verschiedenem Mehl oder Flocken zubereiten können.

Grundrezept Diätbrot

Für 2 Kastenformen benötigen Sie:
600 g Weizenmehl
40 g Hefe (Germ)
1 EL Zucker
¾ l lauwarmes Wasser
1 TL Salz

Diese Zutaten verarbeiten Sie wie bei der Toastbrot-Zubereitung beschrieben oder variieren mit den nachfolgenden Rezepturen.

Weizenflockenbrot

400 g Weizenflocken werden über Nacht in Wasser geweicht und am nächsten Tag in den fertigen Teig eingearbeitet. Nach dem Grundrezept einen Hefeteig zubereiten, die Weizenflocken einarbeiten und einen Laib formen. In eine gefettete Kastenform legen und zugedeckt etwa 1 Stunde gehen lassen. Die Oberfläche mit Wasser bestreichen und bei 225° Celsius 50-60 Minuten backen. Danach erneut mit Wasser bepinseln.

Dieses Brot können Sie auch im Brotbackautomaten zubereiten! Sehr gut zum Einfrieren geeignet!

Maisbrot

Grundteig bereiten und 400 g Maismehl einarbeiten. Beim Backen eine Schale mit heißem Wasser auf den Boden des Backrohrs stellen. Dieses Brot passt ausgezeichnet zu gegrillten oder kurz gebratenen Speisen. Es bekommt einen strahlend gelben Farbeffekt und ist auch im Brotbackautomaten rasch und sicher fertiggestellt. Zum Einfrieren geeignet.

*Rechtes Bild: **Weizenflockenbrot***

Grahambrot 2

Genauso zubereiten wie Maisbrot, jedoch statt Maismehl 400 g Grahammehl zum Grundteig geben. Die Brotober-fläche in der Kastenform mit Wasser bepinseln und 2-3 mm tief einschneiden. Ist im Brotbackautomaten sehr rasch zubereitet und eignet sich vorzüglich zum Einfrieren.

Buchweizenbrot

400 g Buchweizen wird über Nacht eingeweicht und am nächsten Tag dem Grundteig zugemischt. Das fertige Brot ist grobporig und kräftig im Geschmack. Am besten eignet es sich zu fest gewürzten Aufstrichen (Liptauer, Knoblauch- oder Krenaufstrich) und zu geselchtem Speck oder Fleisch.

Kleiebrot

Nehmen Sie einmal anstatt Weizenflocken die gleiche Menge Weizenkleie und mischen Sie diese Kleie zum Grund-teig. Diese Mischung ergibt ein kräftiges Weizenbrot mit grober Struktur und eignet sich vorzüglich für Diabetiker oder Menschen, die Magen- oder Gallenbeschwerden haben. Bereiten Sie gleich mehr zu, denn im Brotbackautomaten ist es rasch zubereitet und kann eingefroren werden.

Besitzen Sie einen Brotbackautomaten, den Sie mit fertig gekauften Mehlmischungen betreiben? Auch aus fertigen Mehlmischungen können Sie Ihr eigenes Hausbrot bereiten, wenn Sie verschiedene Zutaten beimengen. Hier einige Rezepte, die Ihre Brotmischung verfeinern.

Knoblauchbrot

Schneiden Sie 1 Bund Schnittlauch und vermischen Sie die-sen mit 3-4 Zehen gepressten Knoblauch. Nun nehmen Sie eine Fertigmischung Mehl für Weißbrot und bereiten den Teig nach Anleitung. In den fertigen Teig mischen Sie die Schnitt-lauch-Knoblauch-Mischung und arbeiten den Teig nochmals gut durch. Nun nach Anleitung in den Brotbackautomaten geben, die vorgeschriebene Zeit einstellen und backen.

Kümmelbrot 1

Zur Zubereitung dieses Brotes verwenden Sie die fertige Mischung für Mischbrot und arbeiten bitte 2 EL Kümmel, den Sie in wenig Wasser aufkochen, ein. Wenn Sie ein etwas schmackhafteres Brot möchten, geben Sie auch das Aufkochwasser dazu. Natürlich müssen Sie dann die Wassermenge, die Sie zur Zubereitung des Brotes benötigen, etwas reduzieren, damit das fertige Brot nicht klebrig wird.

Schinkenbrot

Kaufen Sie bitte eine Fertigmischung für Weißbrot und arbeiten Sie 400 g in kleine Würfel geschnittenen Schinken ein. Wenn Sie möchten, rösten Sie auch noch klein geschnittene Zwiebeln in Butter an und vermischen Sie Zwiebeln, Schinken und die Butter nach dem Anrösten mit der fertigen Teigmischung. Den Teig gut durcharbeiten, damit sich die Schinken-Zwiebel-Masse gut verbindet. Dieses Brot lässt sich sehr gut einfrieren, sollte jedoch im aufgetauten Zustand binnen 2 Tagen gegessen werden.

Sonnenblumenkernebrot

Zur Bereitung dieses Brotes sollten Sie die dunkle Brotmischung verwenden und 100 g Sonnenblumenkerne grob hacken und kurz anrösten. In den Teig einarbeiten und dann den fertigen Teig mit Wasser bepinseln und mit ganzen Sonnenblumenkernen bestreuen. Ganz leicht andrücken und backen.

Aranzinibrot

Arbeiten Sie bitte in eine fertige Weißbrotmischung 100 g geschnittene Aranzini, 100 g geschnittenes Zitronat und 200 g halbierte Belegkirschen sowie 1 KL Zucker ein und lassen Sie alles nochmals aufgehen, ehe Sie den Backautomaten einschalten. Dieses Brot ist als Sonntagsfrühstück beliebt und lässt sich gut auf Vorrat herstellen.

Käsebrot

400 g Käse, am besten Edamer oder Gouda, der schon etwas abgelegen ist, wird in kleine Würfel geschnitten und in den fertigen Teig (kann auch eine dunkle Mischung sein) eingearbeitet. Die Oberfläche des Brotes wird mit Wasser bepinselt und mit geriebenem Käse bestreut. Erst nach dem Erkalten aufschneiden.

Sie sehen, schon auf dem Gebiet der Fertigmischung beim Brotbacken sind Ihrer Fantasie keine Grenzen gesetzt und durch Ausprobieren der verschiedenen Zutaten finden Sie bestimmt Ihre eigene Geschmacksrichtung. Doch nun noch einige Brotsorten, die ohne Backautomaten gefertigt werden.

Bauernbrot

Dazu benötigen Sie:
600 g Weißmehl
300 g Roggenmehl
1 TL Salz
100 g Sauerteigansatz
20 g Hefe (Germ)
³/₈ l warmes Wasser

Beide Mehlsorten mit dem Salz, Sauerteig und Wasser mischen. Zu einem festen Teig verarbeiten und wie im Grundrezept beschrieben gehen lassen. Zu einem Wecken formen, mit einem Messer schräg einkerben, nochmals abgedeckt gehen lassen und bei 190° Celsius 1 Stunde backen. Stellen Sie wie schon beschrieben eine Tasse mit Wasser auf den Boden des Backrohrs, um das Austrocknen des Brotes zu verhindern.

Waldviertler Landbrot

Zutaten:
1 Würfel Hefe (Germ)
1 TL Zucker
500 g Weizenmehl
Type 405
500 g Roggenmehl
Type 997
1½ EL Salz
0,6 l Wasser

Hefe und Zucker in etwas lauwarmem Wasser lösen. Die beiden Mehlsorten mit dem Salz mischen, in die Mitte eine Mulde drücken und den Vorteig (Dampfl) hineingeben, Wasser zugießen und fest kneten. Nach etwa 20 Minuten Kneten in einer ausgemehlten Schüssel und abgedeckt an einem warmen Ort 50 Minuten gehen lassen. Nochmals durchkneten und in 2 Stücke teilen. Jedes Stück zu einem Wecken rollen und nochmals gehen lassen. Wenn der Teig das doppelte Volumen erreicht hat, auf ein bemehltes Backblech setzen. Das Backrohr bitte auf 250° Celsius vorheizen. Nach 5 Minuten Backzeit die Temperatur auf 200° Celsius reduzieren und das Brot etwa 40 Minuten fertig backen.

Bitte die Wasserpfanne nicht vergessen und klopfen Sie mit dem Knöchel des Zeigefingers auf den Boden des fertigen Brotes. Wenn ein hohles Geräusch erklingt, ist das Brot richtig gebacken! Wenn nötig, eventuell noch einige Minuten mit Unterhitze nachbacken!

Berliner Brot

Zutaten:
600 g Roggenmehl Type 1150
2 Pckg. Backpulver
2 TL Salz
1 TL gemahlener Kümmel
½ l Weißbier
2 TL Margarine
1 TL Kümmel

Mehl mit Backpulver, 1 TL Salz und dem gemahlenen Kümmel mischen. Unter Rühren das Bier dazugeben und zu einem glatten Teig abschlagen. Aus der fertigen Masse einen langen Laib (Wecken) formen und in Mehl drehen. Auf ein gefettetes Backblech legen, etwas flach drücken, mit Salz und Kümmel bestreuen und im auf 200° Celsius vorgeheizten Rohr etwa 35 Minuten backen.

Grobes Schrot, dunkles Mehl, Korn und Kleie - daraus werden immer Brote mit besonders feinem Geschmack. Pur ohne Belag, nur dick mit Butter bestrichen und etwas gesalzen ist das ein Gedicht.

Dreikornbrot

Sie benötigen:
300 g Weizenvollkornschrot
300 g Hafervollkornmehl
300 g Roggenmehl
1 TL Salz
300 g Sauerteigansatz
30 g Hefe (Germ)
Sesamsamen zum Bestreuen
3/8 l lauwarmes Wasser

Wie im Grundrezept schon angegeben, einen Brotteig bereiten. Eine gefettete Kastenform mit Sesamsamen bestreuen und den Teig einlegen. Auch die Oberseite des Brotes mit Wasser einstreichen und mit Sesam bestreuen. Nochmals gehen lassen und 1 Stunde bei 190° Celsius backen.

Malzbrot

Dazu benötigen Sie :
200 g Weizenmehl Type 405
300 g Roggenmehl
Type 1150
2 TL Salz
1 Würfel Hefe (Germ)
2 TL Zucker
¼ l lauwarme Milch
110 g Biomalz aus dem
Reformhaus oder Rübensirup
1 EL Butter

Wie schon beschrieben, den Hefevorteig (Dampfl) mit 4 EL Milch bereiten. In der restlichen Milch den Sirup und die Butter bei schwacher Hitze lösen. Den Hefebrotteig unter das Mehl-Salz-Gemisch geben und mit dem Milch-Sirup-Gemisch zu einem Teig fest kneten. Der Teig wird so lange geknetet oder mit den Knethaken der Küchenmaschine abgeschlagen, bis er Blasen wirft und glatt-glänzend ist. In einer Form (am besten eignet sich ein so genanntes Simperl dazu) bis zum doppelten Volumen aufgehen lassen und gleich darin backen. Beim Gasherd Stufe 3 oder E-Herd 200° Celsius 40 Minuten.

Malzbrot eignet sich sehr gut zum Einfrieren und wirkt bei Kindern schleimlösend und hilft den Knochenaufbau zu stärken!

Holzfällerbrot

Zu diesem typischen
Landbrot nehmen Sie bitte:
1250 g Roggenmehl
Type 1150
250 g Weizenmehl
Type 405
800 g Sauerteig
etwa ½ l lauwarmes
Wasser
50 g Salz
1 EL Zucker

Die Mehlsorten mischen, eine Mulde hineindrücken, den Sauerteig hineingeben und durchmischen. Je nach Festigkeit des Sauerteiges das lauwarme Wasser zugeben, salzen und zuckern. Den Teigballen abschlagen und kräftig kneten. Dann einige Stunden zugedeckt gehen lassen. Nochmals durchkneten und zu einem länglichen Laib (Wecken) formen, zudecken und nochmals 1 Stunde gehen lassen. Auf ein gefettetes Backblech legen, mehrmals mit einer Stricknadel einstechen. Backrohr bitte auf 225° Celsius vorheizen. Das Brot einschießen (daher auch der Name Vorschussbrot, denn das war das erste Brot aus dem vorgeheizten Backofen beim Bäckermeister) und 1½ Stunden backen. Dabei nicht auf die Wasserpfanne vergessen.

Das nächste Diätbrot, welches durch Anreicherung mit Sojamehl und Trockenmilch
mehr Eiweiß als gewöhnliches Brot enthält, ist für ältere Menschen geeignet,
besonders für jene mit hohem Harnsäurespiegel, denn es deckt den Eiweißbedarf
mit pflanzlichem Eiweiß, und dieses ist purinfrei.
Außerdem lässt es sich sehr gut bei Schlankheitskuren einsetzen,
ist preisgünstiger als gekauftes Brot und sehr rasch zubereitet.

Eiweißangereichertes Brot

Zutaten:
7 g Trockenhefe
(Trockengerm)
¹/₁₀ l lauwarmes Wasser
250 g Weizenmehl
Type 405
1½ TL Salz
2 TL Zucker
60 g vollfettes Sojamehl
3 EL Trockenmagermilch
1 EL Margarine

Die Trockenhefe (Trockengerm) in lauwarmem Wasser lösen. Etwas anziehen lassen. In der Zwischenzeit das Mehl, das Salz, den Zucker und die Trockenmilch in eine Schüssel geben. Die Hefemischung angießen, untermischen und den Teig gut abschlagen, bis er sich von der Schüssel löst. In einer mit etwas Margarine befetteten Schüssel zugedeckt ca. 1½ Stunden gehen lassen. Den Teig nochmals zusammenschlagen und wieder 20 Minuten gehen lassen. Danach wieder kräftig verkneten und zum Schluss noch die Margarine einarbeiten, damit der Teig sich formen lässt. In eine gefettete Kastenform legen und nochmals so lange gehen lassen, bis sich der Teig verdoppelt hat. In das auf 200° Celsius vorgeheizte Backrohr geben und 50 Minuten backen.

Brote mit Trockenmilch werden schneller braun, daher eventuell mit Alufolie abdecken!

Einfaches Schwarzbrot

Zutaten:
300 g Roggenvollkornschrot
300 g Roggenmehl
300 g Weizenkleie
1 TL Salz
20 g Hefe (Germ)
300 g Sauerteigansatz
³/₈ l warmes Wasser
2 EL Weizenkleie zum
Wälzen

Aus allen Zutaten einen Brotteig kneten. Den Teig zu einer Rolle formen und in der Weizenkleie wälzen. Aufgehen lassen und dann zu einem Laib formen oder in einer Dose backen, um die runde Form zu erhalten. (Verwenden Sie gut gesäuberte große Dosen!) In der Form nochmals 1 Stunde aufgehen lassen und dann im auf 200° Celsius vorgeheizten Backrohr 50-60 Minuten backen.

Zypernbrot

Sie brauchen:
1000 g Mehl
2 Würfel Hefe (Germ)
2 TL Salz
2 TL Kümmel

Alle Zutaten verkneten, abdecken und 1½ Stunden abgedeckt gehen lassen. Backrohr auf 220° Celsius vorheizen. 1 Backblech mit Backpapier auslegen. Mit bemehlten Händen einen Brotlaib formen und auf das Papier setzen. Mit dem Messerrücken einige Kerben eindrücken und den

1 Bund frischen Koriander
4 gewürfelte Zwiebeln
400 g geriebenen Gouda
750 ml Wasser

Teig auf dem Blech nochmals 20 Minuten gehen lassen. Backblech auf der mittleren Schiene 10 Minuten backen. Danach die Hitze auf 150° Celsius reduzieren und das Brot weitere 30 Minuten fertig backen.

Friesenbrot (Brot aus Ostfriesland)

Zutaten:
1100 g Roggenschrot
fein gemahlen
1000 g Roggenschrot
grob gemahlen
125 g Sauerteig
1 Pckg. Trockenhefe
(Trockengerm)
100 g Zuckerrübensirup
2 EL Salz
500 g Sonnenblumenkerne
2 TL Brotgewürz
60 ml warmes Wasser

600 g feinen Roggenschrot mit dem Sauerteigansatz und 60 ml warmem Wasser über Nacht ansetzen. Am nächsten Tag die restlichen Zutaten mit dem Sauerteigansatz verkneten, zwei Brotlaibe formen und zuerst 15 Minuten bei 50° Celsius backen. Die Temperatur auf 220° Celsius erhöhen und nach 60 Minuten auf 175° Celsius herabschalten und das Brot noch weitere 15 Minuten fertig backen.

 Das frisch gebackene Brot erst am nächsten Tag anschneiden!

Zisterzienserbrot

Nehmen Sie bitte:
350 g durchwachsenen und
fein gewürfelten Speck
5 Zwiebeln
1000 g Dörrpflaumen
1750 g Hackfleisch
(Faschiertes)
225 g Mehl
2 TL Backpulver
10 Eier
500 ml Milch
Salz, Pfeffer
20 g Backfett
2 Bund Brunnenkresse

Speck und geschälte, klein gehackte Zwiebeln, Backpflaumen, Hackfleisch (Faschiertes), Mehl, Backpulver, Eier und Milch vermischen. Mit Salz und Pfeffer abschmecken. Backrohr auf 200° Celsius vorheizen. Den Teig zu einem langen Laib (Wecken) formen. Auf einem gefetteten Backblech etwa 60 Minuten backen. Backofen auf die höchste Stufe stellen und das Brot 5 Minuten fertig backen. Herausnehmen, leicht abkühlen lassen, in Scheiben schneiden und mit Brunnenkresse garniert servieren.

Zum Abschluss des Kapitels Brot möchte ich Ihnen nun einige Rezepte vorstellen, die von meiner Freundin Ruth Hillowoth aus Amerika über den großen Teich zu mir gekommen sind und die Sie auf jeden Fall probieren sollten. Ich habe alle ausprobiert und leider dabei 2 kg zugenommen, aber mein Hund wird schon dafür sorgen, damit ich das Gewicht wieder abbaue.

Von diesem indianischen Fladenbrot gibt es regionale Abwandlungen, da früher jeder Stamm sein eigenes Rezept hatte. Dieses Rezept stammt aus South Dakota:

Indianisches Brot (Indian Fry Bread)

Man nehme:
375 g oder 3 Tassen
Weizenmehl
1 EL Backpulver
½ TL Salz
375 ml oder 1½ Tassen
warmes Wasser
Pflanzenöl zum Ausbacken

Backpulver, Salz und Mehl in eine Schüssel sieben und so lange verrühren oder mit dem Knethaken einer Küchenmaschine so lange kneten, bis ein Kloß (Knödel) entsteht. Auf einem bemehlten Blech kneten, bis er glatt ist (nicht länger als 1-2 Minuten). In einer Schüssel mit Frischhaltefolie abdecken und im Kühlschrank 1 Stunde rasten lassen. Öl in einem Topf erhitzen. Eiergroße Portionen vom Teig abnehmen und mit dem Nudelholz zu Fladen ausrollen. Jeden Fladen mit einem Messer einkerben und mit einer Gabel einstechen. Die Fladen nacheinander im heißen Öl schön knusprig goldbraun ausbacken. Innen sollte das Fladenbrot noch ganz weich sein. Sofort servieren, denn nur frisch genossen haben sie ihren eigenartigen guten Geschmack. Dazu serviert man in Amerika entweder eine scharfe mexikanische Sauce oder für Kinder mit Honig und Puderzucker (Staubzucker).

Chili-Käse-Brot (Chili Cheese Bread)

Zutaten:
1 EL Butter
1 rote und 1 grüne
Chilischote geputzt und
klein gehackt
1 Pckg. Trockenhefe
3 EL warmes Wasser
250 ml lauwarme Milch
3 EL zerlassene Butter
1 Ei verquirlt
370 g Weizenmehl

Butter in einer kleinen Pfanne zerlassen, die Chilischoten zugeben und auf kleiner Flamme braten, bis sie weich sind. Abkühlen lassen. In einer Schüssel Hefe mit warmem Wasser anrühren und so lange stehen lassen, bis die Mischung anfängt zu schäumen. Dann die Milch, die zerlassene Butter und das Ei unterrühren. In einer Rührschüssel Mehl, Grieß, Zucker und Salz mischen. Mit der Flüssigkeit gründlich vermengen, bis eine feste Teigmasse entsteht. Den Teig auf einer mit Mehl bestreuten Arbeitsfläche ca. 10 Minuten durchkneten, bis er glatt und glänzend ist, dann zu einer Kugel formen. Eine Schüssel gut mit Butter einfetten und

270 g Hartweizengrieß
2 EL Zucker
1 TL Salz
225 g geriebener Gouda

die Teigkugel hineinlegen. So lange wenden, bis sie ganz von einer Fettschicht überzogen ist. Bitte mit Frischhaltefolie abgedeckt 1 Stunde an einem warmen Ort gehen lassen (Backrohr auf 30° Celsius aufheizen und hineinstellen), bis der Teig sein Volumen verdoppelt hat. Nun nochmals leicht durchkneten und die Chilis einarbeiten. Teig zu einem rechteckigen Laib formen. Eine passende Form einfetten und mit Grieß ausstreuen. Den Teig in die Form geben und nochmals abgedeckt eine Stunde an einem warmen Ort gehen lassen. Backofen auf 180° Celsius vorheizen. Die Abdeckung entfernen und auf mittlerer Schiene 1 Stunde backen, bis das Brot eine goldbraune Kruste hat und wenn Sie auf die Unterseite klopfen hohl klingt. Etwa 10 Minuten abkühlen lassen, dann aus der Form lösen und auf einem Kuchenrost erkalten lassen.

Schon Plinius der Ältere schrieb in seinen Aufzeichnungen, dass es im Jahr 175 v. Chr. in Rom berufsmäßige Bäcker gab. Diese Zunft, „corpus pistoriumj" genannt, genoss hohes Ansehen, denn ihre Kunden waren meist wohlhabende Familien, die den Bäckereien meist sehr schnell zu hohem Reichtum verhalfen. Bei den stolzen Franzosen gab es schon im 14. Jahrhundert „Boulangerien", in denen es bis zu 20 verschiedene Brotsorten gab. So zum Beispiel „Hofbrot, Papstbrot, das Lakaienbrot oder Pain de Boulanger, Ritterbrot, Artistenbrot, Grafenbrot, und für das gemeine Volk das Pain d´Egalite.

Die Bäckerzünfte genossen großes Ansehen und hatten sehr strenge Aufnahmeregeln. Ein Bäckergeselle musste nach 3-jähriger Lehre 5 Jahre auf Wanderschaft gehen, ehe er sich als Meister niederlassen durfte. Sogar Ludwig der XI. von Frankreich, ein sehr streitbarer Herrscher, befreite die Bäcker vom Wehrdienst. Als die Türken Wien belagerten, hatte die Kompanie der Bäcker die Löwenbastei zu verteidigen. Gerade dort gab es die blutigsten Kämpfe und die Bäcker hatten große Verluste, doch sie konnten das Eindringen der Türken verhindern. Daraufhin verlieh ihnen Kaiser Karl IV. das Privileg, 2 Löwen und ein Schwert im Zunftwappen zu führen.

*Rechtes Bild: **Teigzutaten***

2. Kapitel:

Raffiniertes aus der Bäckerei zum Frühstück und zur Zwischenmahlzeit

In diesem Kapitel möchte ich Ihnen die Bereitungsart von Plunderteig vorstellen und die vielen köstlichen Kleinigkeiten, die sich daraus zubereiten lassen. Im Plunderteig verbinden sich die besten Eigenschaften zweier an sich hervorragender Teige. Er ist so saftig und weich wie Hefeteig (Germteig) und so knusprig wie Blätterteig.

Grundrezept Plunderteig

Zutaten:
60 g frische Hefe (Germ)
1/8 l Milch
1/8 l Wasser
80 g Zucker
1 TL Salz
2 Eier
500 g Weizenmehl
Type 405 (glattes Mehl)
etwas Mehl zum Bestäuben
250 g Butter zum
Einarbeiten

Die kalte Milch mit ebenso viel kaltem Wasser mischen und darin die Hefe, Zucker und Salz auflösen. Die beiden Eier in dem Gemisch verquirlen. In einer Rührschüssel (Weitling) das Mehl füllen und in die Mitte eine Mulde drücken. Die übrigen Zutaten zumischen. Mit dem Knethaken zu einem glatten elastischen Teig verarbeiten, der sich vom Schüsselrand löst. Die Rührschüssel mit einem feuchten Tuch bedecken und über Nacht den Teig im Kühlschrank rasten lassen. Am nächsten Tag zu einem Rechteck ausrollen, die Butter in die Mitte des Teiges legen, rundum einschlagen und ausrollen. Wieder zu drei gleichen Teilen einschlagen und ausrollen. Für 10 Minuten in den Kühlschrank stellen und noch 2 x einschlagen und wieder ausrollen. Danach mindestens 30 Minuten im Kühlschrank ruhen lassen. Beim Backen bedenken Sie bitte, Plunderteig geht wie Germteig auf; lassen Sie deshalb genügend Platz zwischen den Gebäckstücken, wenn Sie Ihr Backblech befüllen.

Die feinste Art, Plunderteig zu bereiten, haben wohl die Franzosen mit ihren Croissants oder Hörnchen oder Kipferln, wie diese leckere Köstlichkeit in verschiedenen Ländern genannt wird. Nur mit Butter oder mit verschiedenen Füllungen, ob süß oder gesalzen, passen sie zum Frühstück genauso gut wie als herzhaftes Häppchen zu einem Glas Wein.

Schokoladecroissants

Dazu bereiten Sie einen Grundteig und rollen ihn dünn aus, dann Dreiecke radeln und mit Schokolade Ihrer Wahl befüllen. Nach Geschmack eventuell noch Nüsse zugeben oder etwas Krokant. So haben die Croissants einen festeren Biss. Wenn es Ihnen eher resch lieber ist, überziehen Sie die Croissants doch mit Zuckerglasur.

Käsecroissants

Rechnen Sie pro Stück ca. 50 g Käse. Am besten nimmt man dafür einen kräftigen Käse, der sich neben dem buttrigen Eigengeschmack behaupten kann, so wie Emmentaler, alter Gouda oder Gruyere. Den Käse in feine Streifen schneiden, auf den breiten Teil des Dreiecks legen und mit Paprika bestreuen. Das Teigstück von dort her aufrollen und zum Croissant beugen. Die Backzeit beträgt etwa 15 Minuten.

Schinkenhörnchen 1 (Schinkenkipferln)

Dazu nehmen Sie bitte nur einen sehr aromatischen Rohschinken, in hauchdünne Scheiben geschnitten. Rechnen Sie je Hörnchen (Kipferl) eine Scheibe Schinken. Natürlich können Sie auch gekochten Schinken nehmen, dann müssen Sie jedoch Zwiebeln anrösten und mit Kräutern fein würzen. So bekommen die Hörnchen (Kipferln) einen saftigen Geschmack und können auch zu einem Glas Wein genossen werden.

Nusshörnchen (Nusskipferln)

Pro Hörnchen (Kipferl) rechnen Sie bitte 1 EL gemahlene Nüsse Ihrer Wahl (Walnüsse, Mandeln, Haselnüsse, Pistazien). Weichen Sie Rosinen (Korinthen) in etwas Rum und mischen Sie diese mit den Nüssen und Zucker je nach Geschmack. Nun das Gemisch auf die Breitseite des Teigdreiecks geben und von dieser Seite her aufrollen und zu einem Hörnchen (Kipferl) formen. Bitte denken Sie daran, je dünner Sie den Teig ausrollen, um so leichter lässt er sich rollen.

Apfelhörnchen (Apfelkipferln)

Bereiten Sie die Füllung im Voraus zu. Äpfel schälen, vierteln, vom Kerngehäuse befreien und in schmale Streifen schneiden. Mit Weißwein beträufeln und zugedeckt weich dünsten. Nach Geschmack süßen und mit Rum abschmecken. Rosinen (Korinthen) und Mandelblätter hinzufügen. Diese Füllung durchziehen lassen und damit die Hörnchen füllen. Bereiten Sie eine Glasur aus Vanillezucker und Wasser, mit der Sie die Hörnchen überziehen.

Aber nicht nur Croissants schmecken herrlich, auch Plunderteiggebäck mit Marmelade oder Creme sowie verschiedenen Früchten gibt es in jeder feinen Bäckerei zu kaufen, daher sollte es auch in Ihrer Backstube nicht fehlen.

Quarkplunder (Topfenplunder)

Zum Grundteig nehmen Sie noch:
250 g Magerquark (Magertopfen)
2 Eigelb
3 EL Zucker
3 EL Rosinen (Korinthen) in Rum geweicht
100 g Aprikosenkonfitüre (Marillenmarmelade)
1 Eigelb zum Bestreichen

Den Teig zu einem dünnen Rechteck (2 mm stark) auswalken und Quadrate von 12 cm ausradeln. Für die Füllung alle Zutaten mit dem Handmixer glatt rühren und jeweils 1 EL voll auf die Quadrate geben. Jetzt klappen Sie bitte die Ecken nach innen, damit ein kleiner Rand entsteht. Die Teigränder mit dem gequirlten Eigelb bepinseln und bei 200° Celsius 15-20 Minuten backen. Die noch warmen Gebäckstücke mit Aprikosenkonfitüre (Marillenmarmelade) einstreichen.

Apfeltaschen

Bereiten Sie einen Grundteig für Plunderteig und nehmen Sie nachstehende Zutaten noch dazu:

Den nach dem Grundrezept zubereiteten Teig zu einer rechteckigen Fläche 2 Millimeter dünn ausrollen und in Stücke von 16 x 12 radeln. Die geschälten, geviertelten Äpfel ohne Kerngehäuse in Scheiben schneiden und mit den anderen

Rechtes Bild: **Quarkplunder**

750 g weich kochende Äpfel
80 g Zucker
1 Zimtstange
¼ l Weißwein
1 Eigelb
Eiweiß zum Bestreichen
100 g Aprikosenkonfitüre
(Marillenmarmelade)

Zutaten bei geringer Temperatur eher ziehen als kochen lassen. Die abgekühlte Füllung auf jeweils eine Hälfte der Rechtecke geben. Den Teigrand rundum mit dem Eiweiß einpinseln und die leere Hälfte über die Füllung schlagen. An den Rändern gut festdrücken und an der Längsnaht ein paar Mal einschneiden. Die Oberfläche mit dem verquirlten Eigelb bestreichen und bei 200° Celsius 25 Minuten backen. Noch warm mit glatt gerührter Aprikosenkonfitüre (Marillenmarmelade) bestreichen.

Kirschaugen

Bereiten Sie einen Plunderteig, den Sie sehr dünn zu 15 cm im Quadrat ausrollen und folgend befüllen:
500 g Sauerkirschen mit 5 EL Zucker und 1 Prise Zimt zugedeckt auf mittlerer Flamme aufkochen. 3 EL Speisestärke mit 3 EL Wasser glatt rühren und unterrühren, bis der Saft dick wird. Nun 1 EL Kirschen in die Mitte der Flecken geben. Die eine Teigecke mit Eiklar bestreichen und die gegenüber liegende Ecke darüber klappen. Fest zusammendrücken, mit verquirltem Eigelb bestreichen und bei 200° Celsius ca. 20 Minuten backen. Danach sofort mit Aprikosenkonfitüre (Marillenmarmelade) bestreichen.

Max und Moritz

Bitte bereiten Sie den Teig wie oben angegeben vor und nehmen Sie zur Füllung Pflaumenmus (Powidl) für die eine Hälfte des Teiges und Quark (Topfen) (den Sie mit einem Eigelb und Zucker nach Geschmack vermischen) für die zweite Hälfte. Die restlichen Arbeitsvorgänge sind die gleichen wie bei den Kirschaugen.

Aber nicht nur Süßes, sondern durchaus gesalzenes Gebäck gibt es in jeder gut sortierten Bäckerei zu kaufen. Darum möchte ich Ihnen neben Süßem auch Pikantes vorstellen, denn viele pikante Kuchen können Sie nach dem Grundrezept für Hefeteig (Germteig) zubereiten.

Speckkuchen

Bereiten Sie einen Grundteig aus folgenden Zutaten:

500 g Mehl
¼ l Milch
40 g Hefe (Germ)
1 Prise Zucker
1 Prise Salz
2 Eier
5 EL Mehl

Bereiten Sie einen Grundteig, den Sie so wie schon beschrieben 2 x aufgehen lassen. Den fertigen Teig 5 mm dünn ausrollen, auf ein gut befettetes Blech legen und mit einer Gabel einige Male einstechen. Bitte formen Sie rundum einen kleinen Rand, damit die Füle nicht auslaufen kann. Am Blech nochmals zugedeckt 1 Stunde gehen lassen. In der Zwischenzeit braten Sie bitte 400 g fein geschnittenen Räucherspeck mit starker Hitze an. Etwas abtropfen lassen und auf den Boden des Teiges verteilen. Verquirlen Sie bitte 2 Eidotter mit ¼ l süßer Sahne (Obers) und 120 g geriebenen Emmentaler. Diese Mischung über den Kuchen gießen und bei 190° Celsius 45 Minuten backen.

Zu diesem Kuchen mundet ein klassischer Heuriger (neuer Wein) sehr gut, der durchaus auch rot sein kann!

Den folgenden Kuchen können Sie je nach Jahreszeit auch mit anderen Zutaten und Gemüse zubereiten. Die Teigzubereitung ist immer dieselbe wie beim Speckkuchen.

Zwiebelkuchen

Für den Belag benötigen Sie:

1000 g Zwiebeln
4 EL Öl
½ l saure Sahne (Sauerrahm)
1 TL Kümmel
Salz
Pfeffer

Bereiten Sie einen Teig wie oben angegeben und legen Sie den ausgerollten Teig auf ein gefettetes Blech. Mit einer Gabel einstechen und wieder einen kleinen Teigrand in die Höhe ziehen.
Die Zwiebeln auf dem Gurkenschneider in dünne Ringe schneiden, in heißem Öl andünsten, jedoch nur so lange, damit sie keine Farbe bekommen. Überkühlen lassen und auf dem Teigboden verteilen. Die restlichen Zutaten abmischen und darüber gießen. Im auf 180° Celsius vorgeheizten Rohr 50 Minuten backen.

Spinatkuchen

Bitte richten Sie einen Grundteig wie beim Speckkuchen und lassen Sie den Teig wieder nach dem Mischen mit der Gärmasse (Dampfl) aufgehen. Nach dem Ausrollen und dem Hochziehen der Ränder füllen Sie bitte folgende Mischung auf den vorbereiteten Kuchen: 700 g Spinat werden blanchiert und ausgedrückt, 4 Zwiebeln werden geschält und klein geschnitten, 150 g Rohschinken werden ganz klein gewürfelt. Diese Mischung auf den Kuchenteig verteilen, salzen, pfeffern und mit etwas Muskat würzen. Im vorgeheizten Rohr mit 190° Celsius etwa 45 Minuten backen.

Lauchkuchen

Legen Sie den vorbereiteten Teig auf ein Kuchenblech und befüllen Sie den Teigboden mit folgender Mischung: 1000 g Lauch in dünne Ringe geschnitten und 200 g hauchdünne Speckstreifen auf dem Teigboden verteilen. Mit einer Eiermilch, wie im Zwiebelkuchen schon beschrieben, übergießen und bei 180° Celsius 40 bis 50 Minuten backen.

Nun nach diesen deftigen Hefeteigkuchen (Germkuchen) natürlich auch die Rezepte der feinen Kaffeekuchen.

Früchtezopf

Zutaten für den Teig:
500 g Mehl
40 g Hefe (Germ)
50 g Zucker
1 Prise Salz
2 Eier
$1/8$ l Milch
zum Untermischen:
50 g Zitronat
50 g Orangeat
50 g Rosinen (Korinthen)
1 Eigelb zum Bestreichen

Hefeteig (Germteig) bereiten und nach dem Gehenlassen die Früchte einarbeiten. Den Teig in 3 gleichmäßig lange Rollen formen. Aus den Rollen einen Zopf flechten. Auf einem gefetteten bemehlten Blech 90 Minuten gehen lassen und dann die Oberfläche mit Eidotter einpinseln. Bei auf 180° Celsius vorgeheiztem Rohr 40 Minuten backen.

Verzieren Sie doch die Oberfläche einmal nach dem Bepinseln mit Eigelb mit Mohn oder Hagelzucker!

*Rechtes Bild: **Früchtezopf***

Mohnrolle

Bereiten Sie einen Hefeteig (Germteig) wie für den Hefezopf und für die Fülle nehmen Sie bitte ³/₈ l Milch, 120 g Zucker, 190 g gemahlenen Mohn, 3 EL Rosinen (Korinthen), die Sie in Rum weichen, 3 Eigelb, 50 g Puderzucker (Staubzucker) zum Bestreuen.

Den Hefeteig wie beschrieben zubereiten und die Füllung wie folgt zubereiten: Milch und Zucker aufkochen und den Mohn einrieseln lassen. Nur einmal aufkochen, bis die Masse dick wird. Rosinen (Korinthen) und Eigelb in die überkühlte Masse rühren und auskühlen lassen. Den Teig der Länge nach halbieren und die Mohnmasse auf den beiden Teighälften verteilen. Teigrollen formen und diese miteinander verdrehen. Zugedeckt nochmals 1 Stunde gehen lassen und dann bei 180° Celsius 45 Minuten backen. Vor dem Servieren mit Puderzucker (Staubzucker) bestreuen.

Süßes Quarkbrot (Süßes Topfenbrot)

Dazu benötigen Sie:
250 g Quark (Topfen)
100 g weiche Butter
150 g Zucker
1 Pckg. Vanillezucker
1 Ei
abgeriebene Schale von
einer unbehandelten
Zitrone
250 g Mehl
1½ Pckg. Backpulver
50 g gehackte Mandeln
50 g gewürfeltes Zitronat
50 g gewürfeltes Orangeat
Butter für das Blech
50 g weiche Butter zum
Bestreichen
Puderzucker (Staubzucker)
zum Bestreuen

Den Quark (Topfen) abtropfen lassen. In der Zwischenzeit die Butter mit dem Handmixer schaumig schlagen und dabei den Zucker und den Vanillezucker einrieseln lassen. Ei und Zitronenschale unterrühren. Den Quark (Topfen) und 2 EL Mehl gründlich unterheben. Das restliche Mehl mit dem Backpulver versieben und zu der Quarkmischung rühren. Mandeln, Zitronat und Orangeat unterheben und zu einem festen Teig verkneten. Eine Kugel formen und diese 3 cm dick ausrollen. Beide Ränder in der Mitte einschlagen und leicht zusammendrücken, sodass ein Brotlaib entsteht, der aussieht wie ein Weihnachtsstollen. Backrohr auf 200° Celsius vorheizen und 1 Stunde backen.

Nun möchte ich Ihnen im 3. Kapitel ein anderes Land vorstellen, das auch für sein Gebäck bekannt ist und das viele von uns mit dem Geruch von frischem Gebäck in den verschiedensten Variationen verbinden. Machen Sie mit mir einen Blick in eine italienische Bäckerei.

3. Kapitel:

Italien, ein Land, dessen Gebäck geprägt ist von Meer, Wind und Sonne

In diesem Kapitel werden Sie alle Gebäcksorten aus dem sonnigen Süden zusammengefasst finden, deren Originalrezepte ich mir aus diversen Urlauben mitgebracht habe. Also wirkliche Originalrezepte.

Schafskäse-Oliven-Brot

Zutaten:
1 Würfel frische Hefe
(Germ)
200 ml erwärmtes Wasser
1 Prise Zucker
150 g würziger Schafskäse
250 g Weizenmehl
200 g Weizenvollkornmehl
2 TL Salz
2 EL Olivenöl
100 g schwarze Oliven
ohne Stein
Mehl zum Kneten und
Ausrollen

Die zerbröckelte Hefe (Germ) und den Zucker mit dem Wasser verrühren und ca. 12 Minuten gehen lassen. Während dieser Zeit den Schafskäse zerdrücken und in eine Rührschüssel geben. Beide Mehlsorten mit dem Salz zu dem Käse geben und vermengen. Das Olivenöl und das Hefewasser zugeben und mit dem Knethaken der Küchenmaschine ca. 5 Minuten zu einem geschmeidigen Teig verkneten, der sich vom Schüsselrand löst. Den Teig zu einer Kugel formen und diese Kugel mit Wasser einpinseln. Heizen Sie Ihr Backrohr auf etwa 35° Celsius vor und decken Sie die Teigkugel mit einem feuchten Tuch ab. Nun 45 Minuten im Backrohr gehen lassen. Den Teig nun nochmals gut durcharbeiten und auswalken. Die Oliven darauf verteilen und von der kurzen Seite her aufrollen. Nochmals abdecken und ½ Stunde gehen lassen. Den fertig gerollten Laib mehrmals schräg einschneiden (1 cm tief) und im auf 200° Celsius vorgeheizten Rohr etwa 40 Minuten backen. Vergessen Sie nicht beim Backen des Brotes eine Schüssel mit kochendem Wasser auf den Boden Ihres Backrohres zu stellen.

Sardellenbrot

Bereiten Sie den im vorherigen Rezept angegebenen Brotteig zu. Während der Teig geht, öffnen Sie eine Dose Sardellen und hacken diese sehr fein. In den vorgegangenen Teig arbeiten Sie nun die Sardellen ein und bereiten das Brot wie oben angeführt zu. Auch zu diesem Brot benötigen Sie wieder eine Pfanne mit heißem Wasser im Backrohr.

TIPP! Dieses Brot wird im Süden Italiens sehr gerne, meist ohne einen Belag gegessen, mir persönlich schmeckt es jedoch am besten mit einem Hauch Butter bestrichen!

Panettone

Dazu benötigen Sie:
2 EL Pinienkerne
50 g Rosinen (Korinthen)
50 g kandierte Früchte
50 g Walnusskerne
2 Eier
1 TL Anis gemahlen
1 Pckg. Vanillezucker
500 g Weizenmehl
2 EL Butter
30 g frische Hefe (Germ)
1 TL Salz
70 g Zucker
1/8 l Milch
1/8 l Wasser

Aus der lauwarmen Milch, Zucker, Hefe (Germ), Butter, Salz, Mehl, Eiern, Anis, Vanillezucker und 1/8 l lauwarmem Wasser einen Grundteig herstellen und abgedeckt 1 Stunde gehen lassen. Die restlichen Zutaten einarbeiten und abgedeckt nochmals auf doppelte Größe aufgehen lassen. Eine hohe runde Auflaufform mit Backpapier auslegen, sodass es die Backform um 5 bis 6 cm überragt, einfetten und mit Paniermehl (Semmelbröseln) bestreuen. Bitte füllen Sie die Form nun zur Hälfte mit Teig und lassen Sie diesen nochmals aufgehen, bis die Form zu 3 Vierteln voll ist. Backrohr auf 190° Celsius vorheizen und den Panettone mindestens 1 Stunde und 15 Minuten auf der unteren Schiene backen. Nach 20 Minuten Backzeit die Oberfläche kreuzweise einschneiden, damit sich die so genannte Krone bilden kann.

TIPP! Sofort zum Auskühlen aus der Form nehmen und auf einem Kuchengitter auskühlen lassen! Dieses traditionelle italienische Weihnachtsgebäck wird in Teilen Italiens auch im Advent der Mutter Maria gespendet und in eigenen Messen gesegnet! Wenn Sie dazu ein Glas Marsala trinken, kommt der Geschmack der Früchte erst so richtig zur Geltung!

*Rechtes Bild: **Panettone***

Aus Taormina stammt folgendes Rezept:

Rahmflecken

Nehmen Sie bitte:
1 Prise Zucker
300 ml laues Wasser
1 Würfel frische Hefe
(Germ)
1 Beutel Sauerteig
500 g Roggenmehl
2 TL Salz
½ TL grob gehackten
Pfeffer
½ TL gemahlenen
Kardamom

Als Belag rechnen Sie:
300 g Räucherspeck
400 g Schmant oder
ersatzweise saure Sahne
(Sauerrahm)
Salz
Paprikapulver edelsüß
1 Bund Schnittlauch in
feine Röllchen geschnitten

Die Hefe (Germ) mit dem Zucker im Wasser glatt verrühren und zugedeckt 10 Minuten antreiben lassen. Mehl, Salz, Pfeffer und Kardamom in einer Rührschüssel (Weitling) mischen. Das Hefewasser und den Sauerteig dazugeben und 5 Minuten lang verkneten. Der Teig muss sich vom Schüsselrand lösen. Nun wieder zu einer Kugel formen, mit einer Plastiktüte bedecken und 1 Stunde gehen lassen. Auf einer bemehlten Arbeitsfläche nochmals kräftig durchkneten und in 30 Portionen teilen. Mit den Handballen zu unregelmäßigen Kreisen mit 8 cm Durchmesser drücken. Die Flecken auf ein mit Backpapier belegtes Blech legen und nochmals abgedeckt 1 Stunde gehen lassen. In der Zwischenzeit den Speck fein würfeln, den Schmant mit etwas Salz und Paprika würzen. Den Ofen auf 250° Celsius vorheizen und die Flecken mit dem Schmant dünn bestreichen, dabei einen 5 mm breiten Rand frei lassen. Speck und Schnittlauch darauf verteilen und auf der untersten Schiene etwa 10 Minuten backen.

Diese Rahmflecken werden sofort heiß gegessen oder kalt zu einem Glas Wein verzehrt!

In jeder italienischen Bäckerei gibt es ganz frische und warme:

Blini

Zutaten:
60 ml lauwarmes Wasser
1½ TL Trockenhefe
(Trockengerm)
60 g Mehl
90 g Buchweizenmehl
½ TL Salz
250 ml Milch
2 Eier getrennt

Das lauwarme Wasser in eine Schüssel gießen und die Trockenhefe einstreuen. 5 Minuten stehen lassen, bis die Hefe (Germ) schaumig wird und Blasen wirft. Die beiden Mehlsorten und das Salz in eine Rührschüssel (Weitling) geben und in die Mitte eine Mulde drücken. 190 ml lauwarme Milch mit der Germmischung in die Mulde gießen. Nach und nach das Mehl unterrühren, sodass ein glatter Teig entsteht. Die Rührschüssel mit einem sauberen Küchentuch abdecken und 3 Stunden an einem warmen Platz gehen

60 g Butter oder Margarine
125 ml saure Sahne
(Sauerrahm)

lassen, bis der Teig locker und luftig ist. Die restliche Milch unterrühren, Eigelb aufschlagen und mit der Hälfte der zerlassenen Butter und der sauren Sahne (Sauerrahm) ebenfalls unterrühren. Eiweiß in einer anderen Schüssel mit dem Handmixer nicht zu steif schlagen und unter den Teig heben. Das restliche Fett in einer Pfanne erhitzen und den Teig mit der Schöpfkelle (Schöpflöffel) so in die Pfanne geben, dass kleine Fladen entstehen. 2 Minuten auf jeder Seite backen.

Halten Sie die Blini im Backrohr bei ca. 150° Celsius warm! Blini werden in Italien meist für ein rasches Nachtmahl gekauft und auch zu Kaffee mit Butter und Konfitüre (Marmelade) oder mit Tomaten und Oliven belegt gegessen!

Ein sehr feines Frühstücksgebäck habe ich in Imola gegessen und nach einem Blick in die Küche habe ich auch den Namen und das Rezept bekommen.

Bullar

Dieses Rezept reicht für
etwa 40 Stück:
150 g Butter oder
Margarine
½ l Milch
40 g Hefe (Germ)
150 g Zucker
1000 g Mehl
½ TL Salz
6 EL Zucker
2 TL Zimt
Margarine für das Blech
2 Eigelb
Hagelzucker
Mandelsplitter

Butter oder Margarine schmelzen und die Hefe (Germ) einbröckeln. Mit Zucker verrühren und 10 Minuten aufgehen lassen. Nach und nach Mehl und Salz unterrühren. Kräftig durchkneten, bis der Teig glatt und seidig ist. An einem warmen, jedoch zugfreien Ort ca. 40 Minuten gehen lassen. In der Zwischenzeit Zucker und Zimt vermischen und dann unterkneten. Aus dem Teig 2 gleichmäßige Rollen formen und in 2 cm dicke Scheiben schneiden, auf ein gefettetes Backblech legen, nochmals 30 Minuten gehen lassen. Mit Eigelb bepinseln und mit Hagelzucker und Mandelsplittern bestreuen. Im auf 225° Celsius vorgeheizten Backrohr etwa 10 Minuten backen.

Auch mit Kokosraspeln anstatt Mandelblättchen schmeckt dieses Gebäck wunderbar!

Italienisches Steinpilzbrot

Nehmen Sie bitte:
25 g Hefe (Germ)
½ TL Zucker
150 ml lauwarme Milch
250 g Weizenmehl
Type 1050
½ TL Salz
1 Msp. Zimt
30 g weiche Margarine
oder Butter
50 g getrocknete Steinpilze
Milch zum Bestreichen

Hefe (Germ), Zucker und Milch verrühren und abgedeckt 10 Minuten gehen lassen. Salz, Mehl, Zimt, Margarine und die in Wasser eingeweichten, gut abgetropften Pilze in eine Schüssel geben, die Hefemilch (Dampfl) zugeben und alles kräftig durchkneten. Zugedeckt an einem warmen Ort bis zur doppelten Größe aufgehen lassen. Den Teig nach dieser Zeit nochmals durchkneten, einen länglichen Laib (Wecken) formen und auf Backpapier nochmals gehen lassen. Die Oberfläche mit Milch bepinseln und schräg einschneiden. Das Brot im auf 200° Celsius vorgeheizten Backrohr 45 Minuten backen.

Auch für dieses Brot sollten Sie beim Backen eine Pfanne mit heißem Wasser ins Backrohr geben! Sollten Sie einen Gasherd haben, backen Sie bitte alle Gebäckstücke auf Stufe 3!

Kümmelbrot 2

Sie benötigen:
150 g Sauerteig
700 ml Buttermilch
1000 g Roggenmehl
Type 1370
2 TL Salz
½ TL Kümmel
Margarine für die Form

Sauerteig nach Rezept zubereiten und mit 350 g Buttermilch und 100 g Mehl verrühren. Abgedeckt an einem warmen Ort 4 Stunden gehen lassen. 400 g Mehl und die restliche Buttermilch unterkneten. Den Teig in eine Schüssel geben und über Nacht abgedeckt gehen lassen. Der Teig vergrößert dabei sein Volumen nicht mehr sehr viel. Am nächsten Tag mit dem restlichen Mehl, Salz und Kümmel zu einem festen Teig verkneten. Den Teig in eine gefettete Form geben, nochmals 1 Stunde gehen lassen und im vorgeheizten Backrohr bei 250° Celsius (Gasherd Stufe 5) etwa 60 Minuten backen, wobei Sie bitte eine Schüssel Wasser ins Backrohr stellen.

Sehr fein schmecken auch die in ganz Italien erhältlichen Brötchen (Semmeln), die eigentlich länglichen Weizenbrötchen (Weckerln) gleichen.
Manchmal gibt es diese auch mit Speck. Ich schreibe Ihnen diese Variante auf, wenn Sie diese Speckbrötchen nicht mögen, dann lassen Sie einfach den Speck weg und ersetzen nach eigenem Geschmack.

*Rechtes Bild: **Kümmelbrot***

Buttermilchbrötchen (Buttermilchweckerln)

Zutaten:
230 g Räucherspeck
150 g Weizenmehl
Type 550
225 g Weizenmehl
Type 1050
30 g Hefe (Germ)
1 Prise Zucker
150 ml lauwarmes Wasser
100 ml lauwarme
Buttermilch
2-3 TL Salz

Speck in Würfel schneiden, auslassen und dann abtropfen und auskühlen lassen. Beide Mehle in eine Schüssel sieben und in die Mitte eine Mulde drücken, dann die Hefe (Germ) einbröckeln. Mit Zucker, wenig Wasser und etwas Mehl verrühren. Diesen Vorteig 15 Minuten gehen lassen. Restliches Wasser, Buttermilch und Salz nach und nach zugeben und den Teig kräftig durchkneten. Jetzt je nach Geschmack die abgekühlten Speckwürfel unter den Teig kneten. Mit einem reinen Geschirrtuch abdecken und zur doppelten Größe aufgehen lassen. Dann zu kleinen Brötchen (Weckerln) formen. Auf ein mit Backpapier belegtes Backblech geben, nochmals aufgehen lassen und im auf 200° Celsius vorgeheizten Backrohr etwa 30 Minuten backen.

Nun möchte ich meinen Ausflug in die italienischen Bäckereien beenden und mich wieder in den heimatlichen Backstuben umsehen und Ihnen Variationen von Frühstücksgebäck vorstellen.

4. Kapitel:

Kaisersemmel, Salzstangerl, Brezel & Co.

Um knuspriges Gebäck zu fertigen, verwenden Sie dazu das Rezept vom Toastbrotteig.

Hörnchen (Kipferln)

Bereiten Sie einen Teig wie angegeben und formen Sie Rollen von 12-15 cm Länge, die Sie dann zu Hörnchen (Kipferln) formen. Die fertig geformten Hörnchen (Kipferln) auf ein bemehltes Backblech legen. Nochmals 35 Minuten gehen lassen. Mit Wasser bepinseln und bei 200° Celsius zwischen 20 und 40 Minuten (je nach Größe des Gebäcks) backen.

Brezeln

Dazu formen Sie dünne Teigrollen, die Sie dann zu Brezeln formen. Nach dem Aufgehen mit Wasser bepinseln und dann mit grobem Salz bestreuen. Etwas andrücken, damit das Salz gut hält. Je nach Verwendung können Sie diese Brezeln natürlich auch in Hagelzucker wenden.

Legen Sie bitte Ihr Gebäck so auf das Backblech, dass es nicht zusammenkleben kann, da es ja noch etwas aufgeht!

Salzstangerln

Um diese in Wien sehr beliebte Spezialität zu backen, rollen Sie bitte den Teig etwa 5-6 mm dick aus und radeln Quadrate von 14 cm aus. Nun rollen Sie diese Quadrate von einer Ecke her diagonal zur nächsten Spitze hin auf. Nach dem Aufgehen am Backblech bepinseln Sie sie wie schon beschrieben und bestreuen die Salzstangerln mit grobem Salz.

Brötchen (Semmeln)

Rollen Sie den Teig zu einer Rolle mit 6 cm Durchmesser und schneiden Sie 3 cm dicke Stücke von der Rolle ab. Nun durch Zurückziehen der Enden eine schöne glatte Kugel formen. Die Kugel mit einem Messer auf der Oberfläche kreuzweise einschneiden und dann auf ein bemehltes Backblech legen und etwa 25 Minuten aufgehen lassen. Mit Wasser bepinseln und ins Backrohr stellen.

Bitte vergessen Sie auch bei der Zubereitung von Gebäck nicht eine Pfanne mit heißem Wasser ins Backrohr zu stellen!

Lange Brötchen (Weckerln)

Lange Brötchen (Weckerln) entstehen genauso wie normale Brötchen (Semmeln), nur diesmal werden die Teigrollen in die Länge gezogen und der Schluss an den beiden Enden in die geformten langen Brötchen (Weckerln) eingeschlagen. Das Gebäck vor dem Aufgehen leicht mit einem Messer einmal diagonal einritzen.

Eine andere Variante, die sehr fein schmeckt, möchte ich Ihnen auch noch vorstellen, die jedes Büfett oder jede Party bereichern wird.

Pizzabrötchen (Pizzaweckerln)

Zutaten:
250 g Rohschinken klein gewürfelt
200 g Emmentaler gerieben
1 kleine Zwiebel geraspelt
einige Esslöffel Hot Ketchup

Alle Zutaten mischen, Brötchen (Weckerln) formen und in der Mitte einen 6 cm langen Schnitt in die geformten Brötchen (Weckerln) machen. Nun die Pizzamasse mit einem Kaffeelöffel einfügen und dann erst zum nochmaligen Aufgehen auf das bemehlte Blech legen.

TIPP!

Auf diese Weise können Sie Ihre eigenen Kreationen gestalten, indem Sie die Oberseite der Brötchen (Weckerln) entweder mit Käse, Sesam, Mohn oder Kümmel bestreuen!

Vinschgauer Fladen (Vinschgerl)

Nehmen Sie bitte:
1 Würfel frische Hefe (Germ)
¼ l lauwarmes Wasser
1 Prise Zucker
150 g Sauerteig (1 Beutel)
500 g Roggenmehl Type 997
150 g Weizenmehl Type 405
1 TL gemahlener Kümmel
1 TL Kümmelkörner grob gemahlen

Die Hefe (Germ) zusammen mit dem Zucker in dem Wasser gut verrühren und den Sauerteigbeutel zum Aufwärmen in warmes Wasser legen. Die beiden Mehlsorten, Kümmel und Salz in einer Rührschüssel (Weitling) vermischen. Das Hefeteigwasser (Dampfl) und den Sauerteig dazugeben und mit dem Knethaken der Küchenmaschine 5 Minuten verkneten, bis sich der Teig von der Schüssel löst. Den Teig auf die Arbeitsfläche geben und mit Mehl zu einer Kugel formen. In die Rührschüssel zurückgeben und mit Wasser bestreichen. Nun die Rührschüssel in eine Plastiktüte (Plastiksäckchen)

*Rechtes Bild: **Pizzabrötchen***

3 TL Salz
Roggenmahl zum Kneten
und Formen

geben und das Backrohr auf 35° Celsius vorheizen. Den Teig in der Plastiktüte im Backrohr nun 1 Stunde gehen lassen. Backblech mit Backpapier belegen. Den Teig nochmals auf einer gut bemehlten Arbeitsfläche durchkneten und in etwa 200 g schwere Portionen teilen und zu einer Kugel formen. Einen Schluss nach unten ziehen, damit eine glatte Oberfläche entsteht. Mit viel Abstand und dem Schluss nach unten auf das Backblech setzen und mit dem Handballen etwas flach drücken. Nochmals auf die doppelte Form aufgehen lassen und bei 200° Celsius etwa 35 Minuten backen. Bitte die Pfanne mit heißem Wasser nicht vergessen.

Vollkornbrötchen 1 (Vollkornsemmeln)

Zutaten:
1 Beutel mit 150 g
Sauerteig
300 g Roggenvollkornmehl
200 g Weizenvollkornmehl
1 TL gemahlener Kümmel
½ Pckg. Trockenhefe
(Trockengerm)
2 TL Salz
1 TL Zucker
1 Msp. Ascorbinsäure
(Zitronensäure)
300 ml lauwarmes Wasser
2 EL Roggenschrot für die
Oberfläche

Sauerteig zum Erwärmen in warmes Wasser legen. Alle anderen Zutaten in einer Rührschüssel (Weitling) vermischen. Den Sauerteig und das Wasser zugeben und zu einem geschmeidigen Teig verarbeiten. Eine Kugel formen, mit einem Küchentuch abdecken und 50 Minuten gehen lassen (eventuell im lauwarmen Backrohr). Danach den Teig gut durchkneten und zu Fladen mit 100 g formen. Die Oberflächen mit Wasser bepinseln und in das Roggenschrot drücken. Mit dem Schrot nach oben auf ein mit Backpapier belegtes Blech setzen. Nun mit einem feuchten Tuch abdecken und nochmals 1 Stunde gehen lassen. Backrohr auf 220° Celsius vorheizen und die fertigen Brötchen (Semmeln) 20 Minuten backen. Natürlich wieder eine Wasserpfanne mit kochendem Wasser ins Backrohr stellen.

Müslibrötchen (Müslisemmeln)

Dazu benötigen Sie:
300 ml Milch
150 g ungezuckerte
Müslimischung
1 Würfel Hefe (Germ)
½ TL Zucker
100 g Roggenmehl Type 1150

150 ml Milch aufkochen und die Müslimischung einrühren und ½ Stunde quellen lassen. In die restliche Milch den Zucker und die Hefe (Germ) einrühren und 10 Minuten gehen lassen. Die 3 Mehlsorten und das Salz in eine Schüssel geben und die Hefemilch (Dampfl) sowie den Honig und das gequollene Müsli dazugeben. Alles zu einem geschmeidigen Teig verarbeiten und zu einer Kugel formen.

100 g Weizenmehl
Type 405
150 g Weizenvollkornmehl
½ TL Salz
3 EL Honig
1 Eidotter zum Bestreichen

In die Schüssel zurückgeben und mit wenig Wasser bestreichen. An einem warmen Ort etwa 45 Minuten gehen lassen. Backblech mit einem feuchten Küchentuch und darüber mit Backpapier belegen. Den Teig nochmals kurz durchkneten und dann straffe Kugeln zu 70 g formen. Das Eigelb mit 1 EL Wasser versprudeln und alle Brötchen (Semmeln) damit dünn bestreichen. Mit einer nassen Schere zickzackförmig einschneiden. Am Backblech nochmals 45 Minuten gehen lassen, dann das Küchentuch unter dem Backpapier wegziehen und ins auf 220° Celsius vorgeheizte Rohr geben. Auf mittlerer Schiene 20 Minuten backen. Auf einem Kuchengitter auskühlen lassen.

Käsestangen 1 (Käseweckerln)

Man nehme:
1 Würfel frische Hefe
(Germ)
225 ml laues Wasser
1 Prise Zucker
400 g Weizenmehl
Type 405
1½ TL Salz
2 EL Öl
300 g frisch geriebener
Emmentaler oder anderer
Hartkäse nach Geschmack

Zucker und Hefe (Germ) im Wasser auflösen und 10 Minuten gehen lassen. Mehl und Salz in einer Schüssel mischen, das Hefewasser (Dampfl) sowie das Öl zufügen und mit dem Knethaken der Küchenmaschine so lange verarbeiten, bis der Teig glänzend ist und sich vom Schüsselrand löst. Nun wie schon beschrieben eine Kugel formen und mit einem Küchentuch abdecken. An einem warmen zugfreien Ort 50 Minuten gehen lassen. Danach den Teig nochmals kurz durchkneten und in 100 g schwere Stücke teilen. Jeweils zu einer 20 cm langen Rolle formen und diese zu einem Dreieck ausrollen. Mit der Hälfte des Emmentalers jedes Dreieck dünn bestreuen und vom breiten Ende zur Spitze fest aufrollen. Mit der Naht nach unten mit reichlich Abstand auf ein mit Backpapier belegtes Backblech legen. Die Stangen (Weckerln) nun nochmals mit einem feuchten Küchentuch abdecken und nochmals 45 Minuten gehen lassen. Danach die Stangen (Weckerln) der Länge nach tief einschneiden, sodass die Seiten aufklappen und die Schichten sichtbar werden. Mit dem restlichen Käse die Schnittflächen bestreuen. Im auf 220° Celsius vorgeheizten Backrohr etwa 20 Minuten backen.

Käsegebäck eignet sich auch sehr gut zum Einfrieren!

Die besondere Stellung des Bäckers hing immer mit dem Produkt zusammen, das er herstellte. Schon seit alten Zeiten war das Brot in der Kultur ein nicht nur unverzichtbares Nahrungsmittel, sondern stand auch als Symbol für die Zusammenfassung all dessen, was den Unterhalt unseres Lebens ausmacht.

Heute sprechen wir von „brotloser Kunst", „Brotherrn", „Brotneid" oder auch vom „höher hängenden Brotkorb". Doch nicht nur diese Redewendungen zeugen vom großen Einfluss der Bäcker auf die Geschichte. Auch in der Bibel ist das Brot von großer Wichtigkeit. Schon die Geburtsstätte Jesu, Bethlehem, bedeutet Haus des Brotes und die vierte Bitte im Vaterunser lautet: „Unser tägliches Brot gib uns heute", und so manche fromme alte Bäuerin macht heute noch 3 Kreuzzeichen mit dem Messer auf den Brotlaib, ehe sie das Brot anschneidet.

Doch nun zur feinen Art des Hefebackteigs (Germteigs), sozusagen zum Adel unter den Germteigen, dem Briocheteig. Dieser Teig muss über Nacht ruhen, um luftig und fein zu werden, eignet sich aber sehr gut zum Einfrieren.

Briochehörnchen (Briochekipferln)

Dazu benötigen Sie:
500 g Weizenmehl
Type 405
20 g frische Hefe (Germ)
6 Eier
10 g Salz
50 g Zucker
300 g Butter zimmerwarm
1 Eidotter zum Bestreichen
sowie Mehl für die
Arbeitsfläche

Das Mehl auf die Arbeitsfläche sieben und in die Mitte eine Mulde drücken. Die Hefe (Germ) hineinbröseln. Mit 4 EL lauwarmem Wasser zu einem Vorteig verrühren, mit Mehl überdecken und etwa 20 Minuten gehen lassen. Zucker, Salz und Eier zugeben und mit der Hand die Zutaten von innen nach außen vermischen. Nach und nach mit dem Teigschaber Mehl hineinschaufeln. Alles zu einem weichen Teig verarbeiten und kräftig kneten, damit reichlich Luft unter den Teig kommt. Vom Außenrand her die Butter in Flocken unterkneten, damit er locker und glänzend wird. Den Teig mehrmals hochheben und auf die Arbeitsplatte zurückwerfen. Den Briocheteig zugedeckt im Kühlschrank 2 Stunden gehen lassen, dann nochmals durchkneten. Zu einer Kugel formen, zudecken und über Nacht im Kühlschrank rasten lassen. Den Teig am nächsten Tag zu Röllchen formen und Hörnchen (Kipferln) daraus biegen. Eigelb verquirlen, die fertig geformten Hörnchen (Kipferln) damit bestreichen und bei Zimmertemperatur nun 1½ Stunden aufgehen lassen. Und im auf 220° Celsius vorgeheizten Rohr 25-30 Minuten backen.

Bestreuen Sie die fertig geformten und aufgegangenen Hörnchen (Kipferln) nach dem Bestreichen mit Eigelb doch einmal mit Hagelzucker oder Schokoladenstreuseln! Wenn Sie dem Teig einige Zitronenzesten beifügen, bekommt er einen feineren Geschmack!

Rechtes Bild: Briochehörnchen

Zimtschnecken

Bereiten Sie einen Briocheteig wie oben angegeben und rollen Sie diesen Teig am nächsten Tag aus. Auf die ausgerollte Fläche geben Sie Zimt, Zucker sowie Rosinen (Korinthen) nach Geschmack. Die Rosinen eventuell über Nacht in Rum oder Weinbrand legen, damit der Geschmack gehoben wird. Nun den Teig sehr fest einrollen und mit dem Ende nach unten auf ein bemehltes Arbeitsbrett legen. Die Rolle mit einem scharfen Messer in etwa 25 mm dicke Scheiben schneiden. Die Scheiben wieder mit der Naht nach unten auf ein mit Backpapier belegtes Backblech setzen und sehr vorsichtig andrücken. Mit einem feuchten Geschirrtuch abdecken und nochmals 35 Minuten aufgehen lassen. Das Backrohr auf 210° Celsius vorheizen und etwa 35 Minuten backen. Auf einem Küchenrost auskühlen lassen.

Legen Sie das ausgekühlte Gebäck in eine Plastiktüte (Plastiksäckchen) und geben Sie es in den Kühlschrank, so bleibt es mindestens 4 Tage frisch! Bitte sparen Sie bei der Bereitung von Briocheteig nicht bei den Zutaten, denn der Teig wird Sie sonst nicht mit der Leichtigkeit belohnen, die Sie gewohnt sind!

Zwiebelbrötchen (Zwiebelsemmeln)

Zutaten:
250 g Mehl
30 g Hefe (Germ)
50 ccm Wasser
¼ l Milch
20 g Margarine
1 TL Salz
1 TL Selleriesalz
1 Msp. getrockneter Salbei
4 EL geröstete Zwiebeln
Mehl zum Ausrollen
Margarine zum Einfetten
10 g Butter zum
Bestreichen

Etwas Mehl in eine Schüssel geben, eine Mulde drücken, Hefe (Germ) hineinbröckeln und mit dem Wasser zu einem Vorteig (Dampfl) aufgehen lassen. Milch aufkochen, Fett und Salz einrühren, abkühlen lassen. Vorteig mit ¼ des Mehls mischen. Milch, Selleriesalz und Salbei untermengen. Mit klein geschnittenen gerösteten Zwiebeln und dem restlichen Mehl zu einem geschmeidigen Teig verarbeiten. Zudecken und an einem warmen Ort 15 Minuten gehen lassen. Teig auf einer bemehlten Fläche zu einer Rolle formen. Diese Rolle zu 16 Scheiben teilen. Jede Scheibe zu einer Kugel formen. Backblech einfetten und die Kugeln nicht zu dicht nebeneinander auflegen. Zugedeckt an einem warmen Ort 60 Minuten gehen lassen. Dann mit flüssiger Butter bestreichen und im auf 220° Celsius vorgeheizten Backrohr auf mittlerer Schiene goldbraun backen. Sofort vom Backblech lösen und auf einem Kuchengitter erkalten lassen.

Gebäck eventuell vor dem Backen mit einer Gabel einige Male einstechen!

Mandelbrezeln

Zutaten:
225 ml laues Wasser
1½ TL Zucker
1 Würfel Hefe (Germ)
100 g gemahlene Mandeln
200 g Weizenvollkornmehl
200 g Weizenmehl
2 TL Salz
25 g weiche Butter
Mehl für die Arbeitsfläche
30 g gehackte Mandeln

½ TL Zucker in dem Wasser verrühren und die Hefe (Germ) hineinbröckeln, 15 Minuten gehen lassen. Die beiden Mehlsorten, die gemahlenen Mandeln, das Salz und 1 TL Zucker in einer Rührschüssel (Weitling) mischen. Das Hefewasser (Dampfl) zugeben und mit dem Knethaken der Küchenmaschine so lange kneten, bis sich der Teig vom Schüsselrand löst (etwa 5-6 Minuten). Den Teig zurück in die Schüssel geben und mit Wasser bepinseln. Mit einem Küchentuch abdecken und 1 Stunde gehen lassen. Nochmals durchkneten und in Portionen zu 80 g teilen. Jedes Teigstück zu einer Rolle von 40 cm Länge formen. Den Strang rollen, sodass er in der Mitte dick, an den Enden kugelig und dazwischen dünn ist. Zu Brezeln formen, die Enden befeuchten und leicht andrücken. Die Oberfläche vorsichtig auf ein feuchtes Tuch legen und sofort in die gehackten Mandeln drücken. Die Brezeln sogleich auf ein mit Backpapier belegtes Blech legen, sodass die mit Mandeln bestreute Oberseite auch oben zu liegen kommt. Mit einem feuchten Küchentuch abdecken und nochmals aufgehen lassen (etwa 1 Stunde). Das Backrohr auf 220° Celsius aufheizen und die Brezeln sofort in den Ofen geben und 20 Minuten goldbraun backen.

Bitte halten Sie die Gehzeit genau ein, sonst kann es Ihnen passieren, dass der Teig auseinander läuft!

Leinsamenbrötchen (Leinsamenzipf)

Bitte kaufen Sie:
150 g Weizenvollkornmehl
150 g Weizenmehl Type 405
1½ TL Salz

Bitte das Backrohr auf 200° Celsius vorheizen. In einer Rührschüssel (Weitling) die beiden Mehlsorten, das Salz, das Backpulver und den Leinsamen mischen. Nun die Buttermilch zugießen und zu einem glatten Teig verarbeiten. Den Teig zu

3 TL Backpulver
2 EL Leinsamensaat
200 ml Buttermilch

einer Rolle formen und mit einer Küchenschere in Dreiecke schneiden, etwas flach drücken und die Enden gerade drücken. Nun auf ein mit Backpapier belegtes Blech legen, nochmals flach drücken und auf der mittleren Schiene goldgelb etwa 20 Minuten backen.

Da dieses Gebäck mit Backpulver hergestellt wird, muss der Teig nicht gehen und ist die superschnelle Art, am Sonntag frisches Frühstücksgebäck zu zaubern. Es hat sich jedoch auch bei unerwartetem Besuch bewährt! Leider ist es nicht sehr gut zum Aufheben geeignet und sollte daher ganz frisch zubereitet und verzehrt werden! Natürlich können Sie auch andere Formen ausprobieren, aber diese Art ist die rascheste!

Knoblauchbrezeln

Sie benötigen:
3 Knoblauchzehen
200 g Weizenmehl Type 405
1 Pckg. Trockenhefe
(Trockengerm)
1 TL Salz
1 EL weiche Butter
100 ml Schlagsahne
(Schlagobers)
2 EL grobes Salz für die
Oberfläche

In einer Schüssel Mehl, Salz und Trockenhefe (Trockengerm) mischen. Die Butter in Flöckchen darüber geben. Den geschälten Knoblauch durch eine Presse in das Mehl drücken. Die Schlagsahne (Schlagobers) dazugießen und alles zu einem geschmeidigen Teig verarbeiten. Eine Kugel formen, mit Wasser bestreichen, dann mit einer Plastiktüte (Plastiksäckchen) ganz bedecken und im auf 35° Celsius vorgeheizten Rohr etwa 45 Minuten gehen lassen. Danach den Teig nochmals kurz durchkneten und in Portionen zu 15 g teilen. Zu einem 20 cm langen Strang rollen, wie im vorherigen Rezept bereits beschrieben, und zu Brezeln formen. Die Enden etwas mit Wasser bestreichen und leicht andrücken. Mit einem Schwamm die Oberfläche etwas befeuchten und in das grobe Salz drücken. Auf eine mit Backpapier ausgelegte Backfläche legen und eventuell nochmals in Form drücken. Mit einem trockenen Küchentuch abdecken und im auf 35° Celsius vorgeheizten Rohr nochmals 20 Minuten gehen lassen. Danach herausnehmen und das Backrohr auf 200° Celsius aufheizen. Zirka 10-12 Minuten auf der mittleren Schiene backen.

Vergessen Sie nicht, wie bei allen Hefeteigarten (Germteigarten), eine Pfanne mit Wasser in das Backrohr zu stellen!

Strudelbäcker-Weltmeister werden wir wohl alle keine, denn es würde uns niemals gelingen, so wie Heinrich Wittmann, den Strudelteig nicht über den Handrücken zu ziehen, sondern in die Luft zu werfen und dabei zu dehnen, dennoch gibt es in jeder Bäckerei zumeist einige Strudelsorten zu kaufen.
Wie Sie Ihre Strudel selbst zubereiten und dennoch auf das Ergebnis stolz sein können, verrate ich Ihnen jetzt.

Grundrezept Strudelteig

Für 2 Stück benötigen Sie:
250 g Mehl
1 Prise Salz
1-2 EL Öl oder zerlassene Butter
2 Eidotter
ca. 1/8 l lauwarmes Wasser
flüssige Butter zum Bestreichen

Mehl mit Salz in eine Schüssel sieben und in der Mitte eine Vertiefung eindrücken. In diese Vertiefung das Öl oder die flüssige, aber abgekühlte Butter träufeln. Eidotter dazugeben und mit dem Knethaken der Küchenmaschine schlagen. Dabei so viel Wasser zufügen, wie nötig ist, um einen weichen Teig zu fertigen. Weiter schlagen, bis sich der Teig vom Schüsselrand löst. Auf der bemehlten Arbeitsfläche durchwalken und dabei immer wieder auf die Arbeitsfläche werfen. Der Teig muss ganz weich und geschmeidig sein. Den Teig zu einer glatten Kugel formen und mit flüssiger Butter einpinseln. Nun über Nacht ruhen lassen. Dabei den Teig dicht in Folie verpacken, damit er nicht austrocknet. Machen Sie viel Platz auf Ihrer Arbeitsfläche und halbieren Sie den Teig. Zunächst die eine Hälfte etwa tellergroß ausrollen, mit Butter einpinseln, dann mit dem Handrücken darunter fahren und den Teig ausziehen. Der ausgezogene Teig sollte hauchdünn sein. Meine Lehrmeisterin hat immer zu uns gesagt: „Ein Strudelteig muss so dünn sein, dass man dahinter noch die Zeitung lesen kann." Die dickeren Ränder abschneiden und den Teig sofort befüllen, damit er nicht austrocknet.

Quarkstrudel (Topfenstrudel)

Zutaten:
Bereiten Sie Ihren Strudelteig nach dem Grundrezept vor und nehmen Sie dann für die Füllung:

Quark (Topfen), Zucker, Eier und Eidotter sowie die Butter schaumig rühren. Zitronenschale und in Wasser eingeweichte Rosinen (Korinthen) zugeben. Den passierten Quark (Topfen) zugeben und alles gut verrühren. Den auf einem Tuch ausgezogenen Teig mit Butter einpinseln und mit Paniermehl (Semmelbröseln) bestreuen. Die Hälfte der Fläche

1000 g Magerquark
(Magertopfen)
200 g Zucker
30 g weiche Butter
2 Eier
2 Eidotter
geriebene Schale von
1 unbehandelten Zitrone
60 g Rosinen (Korinthen)
110 g Paniermehl
(Semmelbrösel) zum
Bestreuen
120 g Puderzucker
(Staubzucker) zum
Bestäuben

mit der Quarkfüllung (Topfenfüllung) bestreichen und das Tuch von der Seite, auf der sich die Füllung befindet, aufrollen. Die Seitenränder einschlagen und fest drücken. Auf ein Backblech setzen und dick mit Butter bepinseln. Bei einer Temperatur von 220° Celsius etwa 50 Minuten backen.

Bitte lassen Sie den Quarkstrudel (Topfenstrudel) vor dem Anschneiden 15 Minuten ruhen, damit sich die Füllung festigen kann! Mit Puderzucker (Staubzucker) vor dem Servieren bestreuen!

Tiroler Strudel

Für die Füllung:
100 g flüssige Butter
150 g Lebkuchenkrümel
(Lebkuchenbrösel)
150 g Trockenaprikosen
(Trockenmarillen)
250 g Trockenpflaumen
200 g Trockenfeigen
100 g Kletzen
(Trockenbirnen)
100 g Sultaninen
50 g Pistazien
100 g Puderzucker
(Staubzucker) zum
Bestäuben

Den auf einem großen Tuch ausgezogenen Strudelteig mit Butter einpinseln und mit den Lebkuchenkrümeln (Lebkuchenbröseln) bestreuen. Die übrigen Zutaten klein würfeln und auf der Hälfte des Teiges verteilen. Den Strudel wie schon beim Quarkstrudel (Topfenstrudel) aufrollen und genauso backen.

Apfelstrudel

Für die Füllung:
1000 g Äpfel
125 g Zucker
½ TL Zimt
75 g Rosinen (Korinthen)
1 Pckg. Vanillezucker
50 g gehackte Mandeln

Die geschälten Äpfel in feine Scheiben schneiden und mit Zucker, Zimt, Rosinen (Korinthen), Vanillezucker und Mandeln mischen. Mit Paniermehl (Semmelbröseln) bestreuen. Fülle auf den Teig verteilen. Seitlich die Ränder 3 Zentimeter einschlagen und den Strudel locker einrollen. Mit Butter bestreichen und im Backrohr bei 200° Celsius (Gasherd Stufe 3-4) etwa 1 Stunde backen. Während des Backens 2 x mit Butter bestreichen. Den noch warmen Strudel mit Puderzucker (Staubzucker) bestreuen.

Kirschstrudel

Für die Füllung:
4 EL Paniermehl
(Semmelbrösel)
4 EL weiche Butter
500 g entsteinte Kirschen

Das Paniermehl (Semmelbrösel) in einer beschichteten Pfanne ohne Fett anrösten. Den Teig mit zerlassener Butter bestreichen. Das Paniermehl (Semmelbrösel) darüber streuen und mit den Kirschen belegen. Mit Hilfe des Tuches zusammenrollen und im auf 200° Celsius vorgeheizten Backrohr etwa 40 Minuten backen. Nach dem Abkühlen dicht mit Puderzucker (Staubzucker) bestreuen.

TIPP!

Versuchen Sie einmal diese Füllung: Geben Sie die Kirschen und die gerösteten Krümel (Brösel) in 2 Becher Kirschjogurt und tragen Sie diese Masse auf den Strudelteig auf, so bleibt der Strudel lange saftig!

Rosinenlaibchen (Korinthenlaibchen)

Zutaten:
250 g Mehl
20 g Trockenhefe
(Trockengerm)
30 g Zucker
1 Prise Salz
⅛ l lauwarme Milch
60 g Butter oder Margarine
250 g Rosinen (Korinthen)

Mehl, Hefe (Germ), Zucker, Salz, Milch und Butter oder Margarine zu einem glatten geschmeidigen Teig verarbeiten. Als Letztes die Rosinen (Korinthen) unterkneten und aufgehen lassen (mindestens 45 Minuten). Aus dem Teig 10 Kugeln formen und auf ein mit Backpapier belegtes Blech legen und im auf 200° Celsius vorgeheizten Rohr etwa 20 Minuten backen.

*Rechtes Bild: **Rosinenlaibchen***

Aprikosenjogurtstrudel (Marillenjogurtstrudel)

Bitte kaufen Sie einen großen Becher Aprikosenjogurt (Marillenjogurt) und mischen Sie dieses Jogurt mit 500 g entsteinten, gewaschenen Aprikosen (Marillen). Den fertig ausgerollten Teig bitte mit trockenem Paniermehl (Bröseln) bestreuen und dann die Marillen-Jogurt-Mischung darüber verteilen. Nun das Ganze mit Zimtzucker bestreuen und im vorgeheizten Rohr bei 200° Celsius 40 Minuten backen.

Zimtzucker bereiten Sie so zu: Mischen Sie bitte 2 EL Feinkristallzucker mit 1 EL gemahlenem Zimt gut durch und Sie haben Zimtzucker! Diese Mischung können Sie auch mit Puderzucker (Staubzucker) bereiten zum Bestäuben von Apfelstrudel oder Quarkstrudel (Topfenstrudel).

Grahambrötchen (Grahamweckerln)

Sie benötigen:
500 g Weizenschrotmehl
1 Würfel Hefe (Germ)
1 TL Zucker
¼ l lauwarmes Wasser
1 TL Salz
3 EL Öl
Margarine für das
Backblech

Mehl in eine Rührschüssel (Weitling) geben und in der Mitte eine Vertiefung drücken. Die Hefe (Germ) hineinbröckeln und mit Zucker, Wasser und etwas Mehl zu einem Vorteig verrühren. Mit Mehl bestäuben, zudecken und an einem warmen, zugfreien Ort 15 Minuten gehen lassen. Salz und Öl zum Vorteig geben und alles verkneten. Bitte den Teig so lange schlagen, bis er Blasen wirft, und danach nochmals 15 Minuten gehen lassen. Mit bemehlten Händen den Teig in 16 gleich große Stücke teilen, rund rollen, mit wenig Mehl bestäuben und auf das bemehlte Backblech legen. Die Brötchen (Weckerln) noch einmal 15 Minuten gehen lassen und auf der 2. Leiste von oben bei etwa 180° Celsius 25 Minuten backen.

Vollkornbrötchen 2 (Vollkornweckerln)

Zutaten:
500 g Roggenmehl
50 g Sauerteig
ca. ½ l Wasser
½ Würfel Hefe (Germ)
1½ EL Salz
Mehl fürs Backblech

Vorteig wie oben angegeben zubereiten und über Nacht an einem warmen Ort abgedeckt stehen lassen. Am nächsten Tag das Backrohr auf 225° Celsius vorheizen. Salz und restliches Mehl unter den Vorteig kneten und den Teig so lange schlagen, bis er Blasen wirft. Vom Teig 50 g schwere Stücke abwiegen und zu Kugeln formen. Backblech mit Mehl bestäuben, die Kugeln darauf legen. Etwas in die Länge ziehen, sodass lange Brötchen (Weckerln) entstehen. Mit Wasser bepinseln und mit dem Messer einmal der Länge nach einschneiden. Die langen Brötchen (Weckerln) auf der mittleren Einschubleiste 25 Minuten backen.

Alle berufstätigen Frauen möchten Ihrer Familie ebenfalls süße Überraschungen bieten. Dafür gibt es heute schon sehr gute Fertigteige, die Ihnen viel Arbeit ersparen. Nun möchte ich Ihnen einige Füllungen aufschreiben, die Sie sehr gut in einem Fertigteig verwenden können. Zum Beispiel von fertig gekauftem Blätterteig.

Blätterteig-Nussstrudel

Sie benötigen:
600 g tiefgekühlten
Blätterteig
2 Eidotter
80 g Zucker
50 g Butter
200 g geriebene Nüsse
120 g geriebenes
Löffelbiskuit
(Biskottenbrösel)
½ TL Zimt gemahlen
abgeriebene Schale von
½ unbehandelten Zitrone
2 cl Rum
50 g Rosinen (Korinthen)
4 EL Milch
1 Eigelb

Blätterteig bei Raumtemperatur aufgehen lassen. Für die Füllung die 2 Eidotter mit dem Zucker schaumig rühren, Butter schmelzen lassen und mit den anderen Zutaten außer dem dritten Eigelb vermischen, sodass eine feste Füllung entsteht. 9 Blätterteigscheiben aufeinander legen und zu einer Platte von 35 x 40 cm ausrollen. Die Füllung in der Mitte verteilen. Die Ränder mit Eigelb bestreichen. Ein Backblech mit kaltem Wasser abspülen, den Strudel darauf legen und 15 Minuten ruhen lassen. Das Backrohr auf 220° Celsius vorheizen und den Strudel auf der zweiten Schiene 45 Minuten backen.

Aus gekauftem Strudelteig bereiten Sie einen:

Pflaumenstrudel (Zwetschkenstrudel)

Den Strudelteig auftauen lassen. In der Zwischenzeit die Pflaumen (Zwetschken) waschen, entkernen und vierteln. Den Strudelteig auf einem bemehlten Tuch dünn ausrollen. Den Backofen auf 200° Celsius vorheizen. 130 g Butter zerlassen, davon 2 EL zurückbehalten, den Rest mit 100 g Paniermehl (Semmelbröseln) mischen und zwei Drittel des Teiges damit bestreichen. Die Pflaumen (Zwetschken) gleichmäßig darauf verteilen und mit 5 EL Zucker bestreuen. Den unbelegten Teig mit etwas Butter bestreichen und von dieser Seite her den Strudel aufrollen, auf das Backblech legen und mit der restlichen Butter bestreichen. Den Strudel 40 Minuten backen und noch heiß mit Puderzucker (Staubzucker) bestreuen.

Käsestangen 2

Zutaten:
300 g Tiefkühl-Blätterteig
2 Eigelb
100 g alter Gouda-Käse
Pfeffer und Kümmel nach
Geschmack

Den Blätterteig auftauen. Die Teigplatten mit der Längsseite der Kanten überlappend aneinander legen und zu einem großen Rechteck ausrollen. Die ganze Platte mit verquirltem Eigelb bestreichen. Den fein geriebenen Käse darauf verteilen und mit gemahlenem weißem Pfeffer bestreuen Die Teigrolle in der Mitte zusammenschlagen und nochmals überrollen. Mit einem Teigrädchen 2 cm breite Streifen schneiden und diese wie eine Spirale zusammendrehen. Auf ein mit Wasser bestrichenes Backblech legen und mit dem restlichen Eigelb einpinseln. Mit Kümmel bestreuen. Im auf 220° Celsius vorgeheizten Rohr 12 Minuten backen.

Über den Tag verteilt gibt es natürlich noch viele Gelegenheiten, um salzige oder süße Kleinigkeiten zu knabbern. Machen Sie es doch so wie ich, ich backe auf Vorrat und friere ein. Wenn dann überraschend meine Kinder oder Enkel zu Besuch kommen, schiebe ich das fertige Gebäck nur mehr kurz in den Ofen und wenn der Kaffee fertig ist habe ich auch frisches Gebäck dazu oder etwas Salziges für meine Männer in der Familie. Darum noch einige Rezepte für Sie, damit Sie sich den Gang zur Bäckerei ersparen.

Aprikosendreieck (Marillenzipf)

Lassen Sie den fertig gekauften Blätterteig antauen und radeln Sie mit dem Küchenrädchen Quadrate von 10 cm Durchmesser aus. Der Teigboden wird mit einer Gabel unregelmäßig eingestochen und mit einer Mischung aus 250 g Quark (Topfen), 1 Ei und Zucker nach Geschmack bestrichen. In der Zwischenzeit lassen Sie bitte eine Dose halbierte Aprikosen (Marillen) abtropfen. In das untere Drittel des Quadrates legen und die Ränder mit Eiklar bestreichen. Nun diagonal zusammenfalten, sodass ein Dreieck entsteht. An den Rändern fest zusammendrücken und bei 225° Celsius etwa 20-25 Minuten backen.

Vergessen Sie nicht, Ihr Gebäck mit Eigelb an der Oberseite zu bestreichen, damit es schön glänzt!

Schinkenhörnchen 2 (Schinkenkipferln)

Der Schinken wird mit einer klein gehackten Zwiebel fein faschiert (durch den Fleischwolf getrieben), gesalzen, gepfeffert und mit 1 EL Schnittlauch gewürzt. Der Blätterteig wird zu Dreiecken geradelt und auf der breiten Seite mit der Fülle dick bestrichen. Von dieser Seite her aufrollen und zu Hörnchen (Kipferln) biegen. Das Gebäck dann wie oben angegeben weiterverarbeiten.

Jedoch nicht nur süße Füllungen,
sondern auch Pikantes können Sie in Teigtaschen einfüllen.

Geflügeltaschen

Zutaten:
125 g Putenbrust würfelig geschnitten
1 EL Butter
75 g Fleischwurst klein gewürfelt

Das Fleisch unter oftmaligem Wenden in der heißen Butter anbraten und mit den übrigen Zutaten in einer Schüssel gut vermengen. Den Blätterteig antauen lassen und mit einer Gabel unregelmäßig einstechen. Die Füllung auf einer Hälfte der ausgeradelten Quadrate verteilen und den Teigrand mit Eiklar bestreichen. Die unbefüllte Seite über die befüllte

*75 g Rohschinken in
Streifen geschnitten
1 Ei
100 g geriebener Hartkäse
(Emmentaler oder
Parmesan)
etwas geriebener Muskat
Salz und Pfeffer*

klappen und gut andrücken. Mit Eigelb bestreichen und im auf 225° Celsius vorgeheizten Rohr je nach Größe des Gebäcks 15-30 Minuten backen.

Mit diesen einfachen Rezepten möchte ich mich für dieses Buch von Ihnen verabschieden und hoffe, noch viele Rezepte für Sie zu finden, um Ihnen wieder einmal eine Freude zu bereiten.

Auf ein Wiederlesen in meinem nächsten Kochbuch freut sich schon heute

*Ihre
Gertrude Kreipel*

Rezepturen in alphabetischer Reihenfolge